La crise anglophone au Cameroun

Collection « Études africaines »
dirigée par Denis Pryen et son équipe

Forte de plus de mille titres publiés à ce jour, la collection « Études africaines » fait peau neuve. Elle présentera toujours les essais généraux qui ont fait son succès, mais se déclinera désormais également par séries thématiques : droit, économie, politique, sociologie, etc.

Dernières parutions

Ahmad TABOYE, *Émergence de la production de la littérature en langue française au Tchad*, 2018.
Kossi FANAGNO, *Essai d'ethnopsychiatrie, Psychiatrie et psychologie avec les traditions des peuples*, 2018.
Dédé WATCHIBA, *Evaluation systémique de la politique publique en matière de lutte contre le sida en RDC*, 2018.
Sidy BA, *Le péril de la pollution sur le fleuve Niger*, 2018.
Bernard-Gustave TABEZI PENE-MAGU, Justin KYANGA ASSUMANI & Augustin ASSANI NZOGU, *Evaluation des enseignants par les étudiants en RD Congo, Est-ce la remise en cause de la liberté académique ?*, 2017.
Sariette et Paul BATIBONAK (dir.), *Marché médiatique de la guérison divine au Cameroun*, 2017.
Jacqueline NKOYOK, *Les processus de démocratisation des années 1990 et la sociogenèse des crises et dérives en Afrique*, 2017.
Vincent MOUTEDE-MADJI, *Exploitation pétrolière et mut3ations spatio-économiques dans le Logone oriental (Tchad)*, 2017.
Martin Fortuné MUKENDJI MBANDAKULU, *Introduction à la bio-éco-philosophie, De la philosophie brune à la philosophie verte*, 2017.
Sidy TOUNKARA, *La multifonctionnalité de l'agriculture « péri-urbaine » au Sénégal, Intégrer les déchets organiques dans le système productif maraîcher*, 2017.
Guy Noël KOUARATA, *Manuel de phonologie des langues bantoues du Congo*, 2017.
Abdourahamane OUMAROU LY, *Partis politiques, démocratie et État de droit en Afrique : l'exemple du Niger*, 2017.
Désiré BALABALA, *Le mariage coutumier chez les Budu en République Démocratique du Congo*, 2017.
Ibrahima TRAORÉ, *L'État de droit dans les Républiques du Mali et du Sénégal*, 2017.
Nathalie VUMILIA NAKABANDA, *La protection de la veuve en République Démocratique du Congo, Quelle effectivité ?*, 2017.
Zoumana DIARRA, *Les mutations de la haute fonction publique au Mali, Une contribution à l'étude de la réforme de l'Etat*, 2017.
Issa Makan KEITA, *La responsabilité pénale des personnes morales en droit malien à la lumière du droit comparé*, 2017.

BOUOPDA Pierre KAMÉ

La crise anglophone au Cameroun

Préface de Maître Akere Tabeng Muna

Du même auteur

La quête de libération politique au Cameroun, L'Harmattan, 2006

Les crises majeures de la présidence Paul Biya, L'Harmattan, 2007

De la rébellion dans le Bamiléké, L'Harmattan, 2008

Cameroun, Du protectorat vers la démocratie, 1884-1992, L'Harmattan, 2008

Les émeutes du Renouveau, L'Harmattan, 2009

Les handicaps coloniaux de l'Afrique noire, L'Harmattan, 2010

Kamé Samuel - Aux fondements du régime politique camerounais, L'Harmattan, 2013

L'indépendance du Cameroun, Gloire et naufrage politique de l'UPC, L'Harmattan, 2015

L'histoire politique du Cameroun au XXe siècle, L'Harmattan, 2016

© L'Harmattan, 2018
5-7, rue de l'Ecole-Polytechnique, 75005 Paris

http://www.editions-harmattan.fr

ISBN : 978-2-343-14078-0
EAN : 9782343140780

SOMMAIRE

AVANT-PROPOS 11

PRÉFACE 13

UN PAYS, DEUX TERRITOIRES, DEUX HÉRITAGES 17

Un pays sous mandat de la Société des Nations 19
Un pays sous la tutelle des Nations unies 26
La fin de la tutelle internationale 36

L'EXPRESSION INSTITUTIONNELLE DES DEUX HÉRITAGES .. 43

Une Fédération avec un pluralisme politique 44
Une Fédération sans pluralisme politique 56

LA DÉSINSTITUTIONALISATION DE L'HÉRITAGE ANGLOPHONE 67

Aux origines de la désinstitutionalisation 67
Les effets de la désinstitutionalisation 76

LE REFUS DE L'EFFACEMENT INSTITUTIONNEL 85

Le commencement et l'enlisement de la crise 86
La dérive répressive 95

BIBLIOGRAPHIE 123

INDEX 125

ANNEXES 131

TABLE DES MATIÈRES 183

*À mes compatriotes
du Cameroun anglophone*

AVANT-PROPOS

Le vendredi 22 septembre 2017, la crise anglophone atteint un paroxysme dans la confrontation violente entre des manifestants et les forces de l'ordre dans les régions du Nord-Ouest et du Sud-ouest. Le lendemain de ses évènements meurtriers, j'ai réagi par un *post* dans notre Groupe WhatsApp du *Cannibale* qui rassemble les membres et les amis de ce Café littéraire. Ce post, je l'ai intitulé « Péril en la demeure » :

Péril en la demeure.

Ce qui se passe en ce moment au Nord-Ouest et au Sud-Ouest est triste et révoltant.

Dans nos fréquents échanges sur l'histoire, mon père aimait souvent me rappeler que dans son livre consacré à l'Histoire de Charles IX de Suède, Voltaire observe que les plus grandes calamités de l'histoire n'ont guère été que l'œuvre de célèbres ignorants.

C'est ce que m'inspire ce qui se passe en ce moment dans nos régions anglophones.

Lorsque les postures et l'émotion déterminent l'action politique en situation de crise, il y a péril en la demeure.

Les évènements d'hier dans les régions du Nord-Ouest et du Sud-Ouest révèlent clairement l'existence et l'enracinement d'une conscience politique anglophone en quête de consécration institutionnelle.

Face à cette évidence, opter d'avance pour le statu quo institutionnel, c'est choisir la répression, c'est-à-dire, la militarisation des régions anglophones.

Cela se fait, dans la plupart des cas, avec des unités armées commandées par des officiers et sous-officiers francophones.

C'est le piège « colonial » dans lequel nous sommes.

L'ordre public régnera peut-être si la militarisation est généralisée.

Mais la conscience politique anglophone s'enracinera davantage avec pour corollaire une altération durable du sentiment national.

L'alternative c'est l'initiative d'un dialogue politique dans la perspective d'une refondation démocratique de notre pacte institutionnel.

Cette perspective est-elle si redoutable pour lui préférer les drames politiques, économiques, sociaux et humains de la crise actuelle ?

Nous devons pouvoir sereinement dialoguer entre nous pour sortir de cette crise et de cette atmosphère d'oppression politique et sociale d'ores et déjà réinstallée dans notre pays aux dépens des acquis distinctifs du Renouveau.

Si l'initiative de ce dialogue politique n'est pas rapidement prise, on s'expose au risque d'une internationalisation de la solution à cette crise conformément aux vœux des séparatistes.

Il y a péril en la demeure.

La tentation du statu quo ante va certainement se renforcer à la suite des événements dramatiques d'hier.

L'ignorance, l'arrogance, la surdité et l'autosuffisance sont en effet les postures et les traits de caractère dominants de ceux qui ont en charge la gestion opérationnelle de cette crise anglophone depuis son commencement.

C'est à la suite de ces évènements et de ce *post* que j'ai décidé d'écrire le livre que vous avez entre les mains.

Bouopda Pierre Kamé

PRÉFACE

La singularité de ce précieux livre intitulé « *La crise anglophone au Cameroun* » réside dans son souci d'exactitude basé sur des faits historiques avérés et recueillis de la proximité des événements ayant marqué l'histoire contemporaine du Cameroun.

Une telle « démarche » est importante dans le contexte actuel où toutes sortes d'amateurs essayent de réécrire l'histoire, mus en cela par des sentiments ouvertement exprimés et des agendas mal voilés. L'ouvrage signé de Bouopda Pierre Kamé est d'une valeur chronologique et historique inestimable, et en raison aussi des liens qu'il établit avec les tristes événements qui se produisent au Cameroun aujourd'hui. L'auteur démontre avec précision qu'une simple connaissance et compréhension de l'histoire de notre pays est essentielle dans tout effort de recherche d'une solution à ce qui a été pendant des décennies un « *problème anglophone* » latent qui par la suite s'est transformé en une « *crise anglophone* » au point où l'éventualité d'une guerre civile ne peut plus être considérée comme une vue de l'esprit.

Cet ouvrage, qui se lit aisément, a pour tableau de fond deux territoires qui constituent ce qui est aujourd'hui le Cameroun. Il peint à grands traits les différences notables dans leurs héritages culturels coloniaux, tels qu'ils se traduisent dans leurs institutions respectives. Il décrit ensuite l'érosion de la culture anglophone et la résistance organisée par les Anglophones, avant d'examiner les conséquences des différentes mutations.

Le diagnostic est implacable : « *Lorsque les postures et l'émotion déterminent l'action politique en situation de crise, il y a un péril en la demeure* ».

Le simple service à rendre en faveur du dialogue n'a fait que mettre en évidence l'option des pouvoirs publics, à savoir que : « *Face à cette évidence, opter d'avance pour le statu quo institutionnel, c'est choisir la répression, c'est-à-dire la militarisation des régions anglophones* ».

Il est difficile de comprendre comment un gouvernement peut promouvoir l'unité nationale en appliquant des politiques qui discriminent les Camerounais par ce qui peut être considéré comme fractures politiques de l'histoire du Cameroun. Le contexte de cette erreur est habilement restitué par la référence faite par l'auteur à de nombreux entretiens, articles et analyses d'événements récents comme en 2016 et 2017.

Préfacer un livre dans lequel l'on est non seulement cité, mais où des fois l'on apparaît comme un acteur d'un processus continu, pourrait bien être une entreprise hasardeuse. En effet, c'est un honneur d'introduire un livre de si haute facture. Il s'agit d'un document incontournable pour tous ceux qui veulent comprendre pourquoi un pays aussi riche que le Cameroun, tant dans sa diversité que ses ressources minérales et humaines, devrait soudainement, après un an, avoir l'image d'un pays déchiré par des conflits, avec des milliers de réfugiés forcés à l'exil et un régime qui connaît d'énormes problèmes de gouvernance, ainsi qu'un système pris en otage par une minorité qui désespérément cherche à défendre le statu quo.

L'espoir ultime du peuple camerounais, anglophone et francophone, repose désormais sur sa résilience. C'est d'ailleurs l'option qui polarise la réflexion de l'auteur.

Maître Akere Tabeng Muna

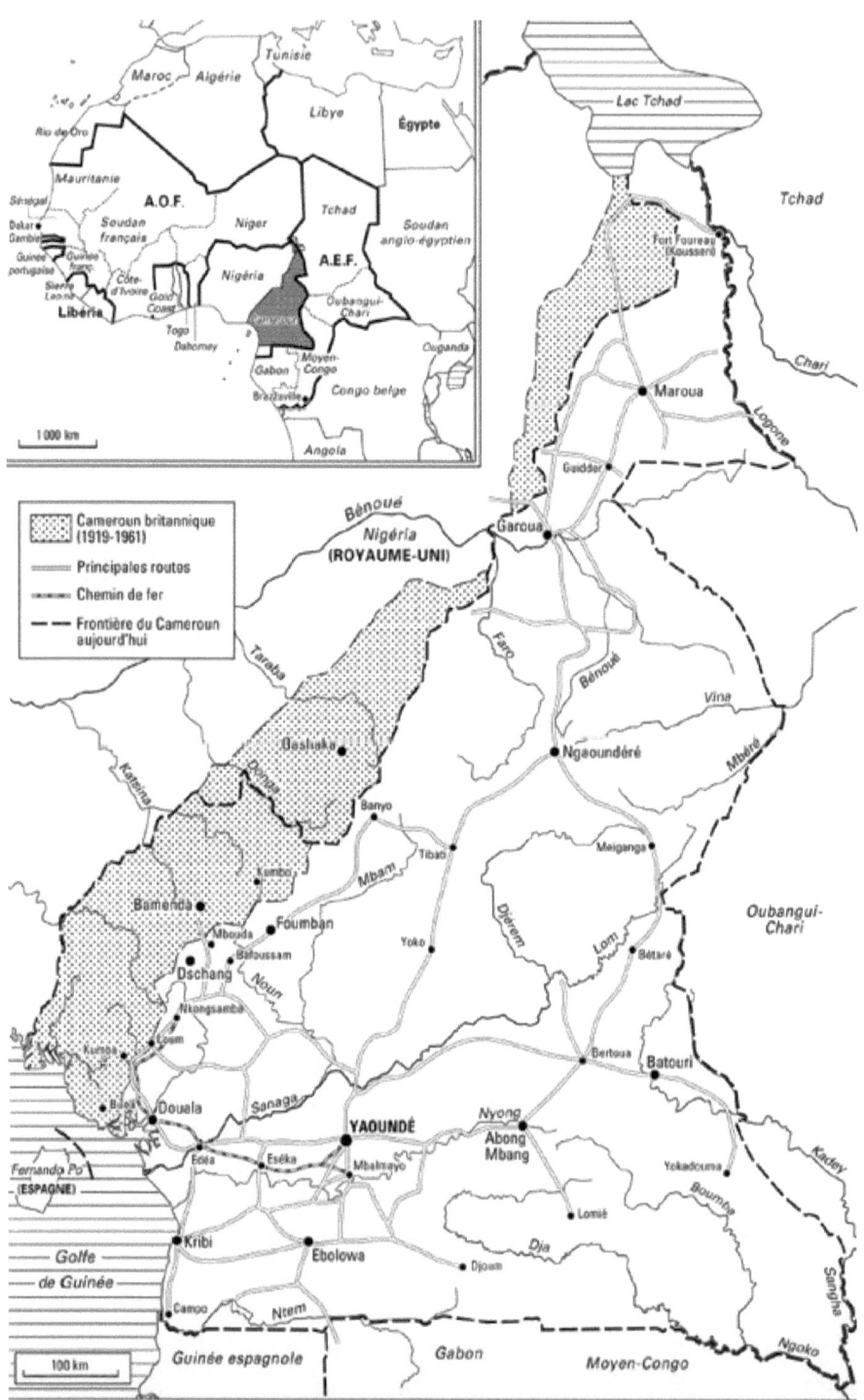

UN PAYS, DEUX TERRITOIRES, DEUX HÉRITAGES

Après le déclenchement de la Première Guerre mondiale le 28 juillet 1914, le Territoire du Cameroun est l'objet d'une partition administrative. Membres de la Triple-Entente, la France et la Grande-Bretagne sont officiellement en guerre contre l'Allemagne dès le début du mois d'août 1914. En Afrique, elles entreprennent de conquérir les territoires coloniaux de l'Empire allemand.

Dès le 28 septembre 1914, les troupes africaines du corps expéditionnaire franco-britannique occupent la ville de Douala et engagent la conquête militaire de tout le territoire camerounais[1]. Cette conquête territoriale est achevée à la fin du mois de février 1916. L'administration du Cameroun s'apparente alors à un régime d'occupation militaire réglementé par la Convention IV de la Haye de 1907.

Le 4 mars 1916, la France et la Grande-Bretagne conviennent, sans consulter les Camerounais, du principe d'une administration commune du Cameroun. Le Territoire est arbitrairement divisé en deux zones géographiques inégales en superficie et en habitants. Le Cameroun oriental et central, soit 4/5e du territoire, est placé sous le commandement militaire français. Le Cameroun occidental et septentrional[2], soit 1/5e du territoire, est placé sous commandement britannique. La France et la Grande-Bretagne conviennent du caractère définitif de cette administration commune dans l'hypothèse d'une victoire des forces Alliées au terme de la guerre.

---

[1] Ces troupes sont commandées le général français Joseph-Gandéric Aymerich, et le général anglais Charles Dobell. Le général Aymerich est à la tête de troupes africaines constituées au sud du Cameroun dans les colonies françaises de l'Afrique Équatoriale française (AEF). Le général Charles Dobell commande des troupes constituées dans les colonies britanniques de la Sierra Leone et du Nigeria situées à l'ouest du Cameroun.

[2] Ligne droite tirée de Yola à Uro-Mali, puis une autre ligne droite partant de Uro-Mali à la baie de Bimbia. Une enclave correspondant à la partie du Bornou y est incorporée pour réunir sous l'autorité britannique tous les territoires dépendant de l'Émir du Bornou. Le découpage est fait de telle sorte que la Grande-Bretagne puisse disposer d'un accès portuaire (Victoria - Limbé), tout comme la France (Douala).

Après la signature de l'armistice du 11 novembre 1918, les négociations sur le Traité de paix démarrent le 18 janvier 1919 à Paris. Elles sont conduites par les cinq puissances victorieuses regroupées au sein du Conseil suprême (États-Unis, Grande-Bretagne, France, Japon et Italie). Le 30 janvier 1919, le statut des territoires administrés jusque-là par l'Allemagne vaincue vient en discussion au Conseil suprême. Le principe de déposséder l'Allemagne des territoires qu'elle administrait est vite acquis. Par contre, l'option de l'annexion pure et simple de ces territoires par les puissances occupantes est rejetée. Il est en définitive décidé que l'administration de ces territoires, dont celui du Cameroun, soit, dans l'intérêt des populations autochtones, confiée à la communauté internationale naissante réunie au sein de la Société des Nations (SDN) ; charge à cette dernière de mandater une ou plusieurs nations membres pour leur administration effective.

Le 6 mai 1919, la France et la Grande-Bretagne conviennent avec le Conseil suprême, toujours sans consulter les Camerounais, de proposer à la SDN des projets de mandat sur le Cameroun. Le 28 juin 1919, le Traité de paix est signé à Versailles. Dans une Déclaration commune datant du 10 juillet 1919, la France et la Grande-Bretagne précisent leur partition administrative arbitraire du Cameroun. Le Traité de Versailles rentre en vigueur le 10 janvier 1920.

Après la mise en place de la SDN à Genève, son Conseil se saisit de la question des mandats notamment sur le Territoire du Cameroun[3]. La France et la Grande-Bretagne sollicitent l'exercice de ce mandat et soumettent à cet effet deux projets quasi identiques de Convention de mandat. Le 20 juillet 1922, ceux-ci sont approuvés à Londres par le Conseil de la SDN. Ces Conventions sont complétées le 31 janvier 1923 par un texte réglementant « le droit de pétition » reconnu notamment aux Camerounais.

Cette partition administrative du Cameroun, décidée au niveau international sans le consentement des Camerounais, a duré une quarantaine d'années. Elle était concrètement matérialisée par une frontière avec des postes de police et de douanes limitant la libre circulation des Camerounais entre ces deux territoires de leur pays. Elle a ouvert la voie à une administration duale de quatre décennies qui a imprimé des mœurs sociopolitiques françaises à $4/5^e$ de la population camerounaise, et britanniques à $1/5^e$ de cette population. Ces mœurs sociopolitiques ne se réduisent pas à l'usage des langues française et anglaise. Elles sont par ailleurs territorialement ancrées. La reconnaissance de ce double héritage historique a ouvert des droits et des prérogatives politiques, et donc institutionnelles spécifiques aux ressortissants des deux Territoires

---

[3] Le Sénat américain ne ratifie pas le Traité de Versailles. Aussi les États-Unis n'adhèrent pas à la SDN qui est ainsi paradoxalement privée de son principal initiateur.

camerounais dénommés dans ce livre : Cameroun francophone et Cameroun anglophone.

Un pays sous mandat de la Société des Nations

Après la signature du Traité de Versailles, le Cameroun est constitué de deux Territoires internationaux soumis au nouveau régime juridique de mandat de la SDN qui revendique, dans son Pacte fondateur, une « mission sacrée de civilisation » opposée à la vocation traditionnellement prédatrice de la colonisation. Dans l'accomplissement de cette « mission sacrée », la SDN, qui est le mandant, confie l'administration effective du territoire à des Puissances mandataires qualifiées de son point de vue pour ce faire. C'est une innovation majeure dans le droit international qui est consacrée par l'Article 22 du Pacte de la SDN[4]. Les points les plus innovants de ce nouveau régime juridique sont le contrôle exercé annuellement par la SDN sur l'œuvre « civilisatrice » du mandataire, le droit de pétition reconnu aux populations autochtones, et le fait que la dévolution des territoires sous mandat de la SDN n'est théoriquement pas réservée aux seules puissances occupantes.

Les Conventions de mandat[5] que la France et la Grande-Bretagne signent avec la SDN les soumettent ainsi à des obligations non négligeables qui font de surcroît l'objet d'une surveillance multilatérale par le Conseil de la SDN[6]. Mais malgré cette mise sous tutelle, les Puissances mandataires ont les pleins pouvoirs en matière d'administration et de législation dans les territoires sous mandat SDN. Sur le plan administratif, le Territoire du Cameroun oriental et central, malgré son statut de Territoire international, relève banalement du ministère français des Colonies. Le Territoire international du Cameroun occidental et septentrional est aussi administré par le *Colonial Office* comme territoire de la colonie britannique du Nigeria.

Le régime du mandat

Le régime de mandat démarre le 30 juillet 1922 dans les Territoires du Cameroun après l'approbation par le Conseil de la SDN des Conventions de mandat de la France et la Grande-Bretagne. Ces Conventions de mandat intègrent des observations faites par les États-Unis notamment sur la garantie du libre-échange international dans les territoires sous mandant et sur les

---

[4] Cf. Annexe 1, Pacte de la Société des nations, Article 22.
[5] Cf. Annexes 2 et 3.
[6] Le pouvoir pratique de contrôle est exercé par la Commission Permanente des Mandats qui reçoit et examine les rapports annuels des puissances mandataires.

libertés de conscience des populations de ces territoires[7]. Il est par ailleurs acquis que la France et la Grande-Bretagne ne doivent jouir d'aucun privilège particulier dans les Territoires du Cameroun. Ainsi, elles ne peuvent créer de monopoles que pour des raisons fiscales et dans le but de mettre en valeur les ressources naturelles de ces territoires au seul bénéfice de leurs habitants.

Le droit de pétition

Après l'entrée en vigueur du régime de mandat, la Commission permanente des mandats adopte et réglemente une procédure permettant aux habitants autochtones des territoires bénéficiaires de saisir la SDN par voie de pétitions. Celles-ci sont de l'initiative des communautés ou des membres des populations autochtones. Elles sont transmises au secrétariat de la SDN par l'intermédiaire des Puissance mandataires qui y joignent leurs observations. Celles qui parviennent directement à la SDN sont communiquées au gouvernement des Puissances mandataires pour observations. Après délibération sur les pétitions recevables, la Commission des mandats les communique, avec les observations des Puissances mandataires, au Conseil et aux membres de la SDN.

Le statut national des populations

Pour distinguer clairement ces territoires internationaux et leurs populations de ceux des colonies des Puissances mandataires, la question de la nationalité de leurs habitants est traitée. À ce sujet, la Commission permanente des mandats rédige une recommandation au Conseil de la SDN suggérant que les habitants autochtones des territoires sous mandat soient considérés comme des « administrés » ou « protégés » ayant un statut national distinct de celui des nationaux ou des ressortissants des Puissances mandataires. Pour les autres habitants des territoires sous mandat, elle suggère au Conseil de laisser la latitude aux Puissances mandataires de régler cette question conformément à leur législation propre.

Le Conseil adopte les recommandations de la Commission à ce sujet lesquelles sont ainsi formulées :

> 1. *Il importe dans l'intérêt du respect des principes énoncés à l'article 22 du Pacte et sous réserve de ce qui est dit ci-dessous à l'alinéa 3 que les habitants indigènes des territoires B et C reçoivent un statut national nettement distinct de celui des nationaux de la Puissance mandataire.*

---

[7] Les droits et privilèges des missions religieuses sont garantis dans les territoires sous mandat et leurs activités n'y sont pas limitées.

> 2. *Une loi spéciale de la Puissance mandataire devrait régler le statut de ces habitants qui pourraient recevoir une dénomination telle que « administrés sous mandat » ou « protégés sous mandat » de la Puissance mandataire.*
>
> 3. *Il est loisible aux Puissances mandataires à qui sont confiés les territoires soumis aux mandats B et C de régler conformément à leurs législations propres l'acquisition à titre individuel et purement volontaire de leur nationalité par les habitants de ces territoires.*

Sur cette base, le Conseil adopte les résolutions suivantes au sujet du statut national des habitants des territoires sous mandat :

> 1. *Le statut des habitants d'un territoire sous mandat est distinct de celui des nationaux de la Puissance mandataire et ne saurait y être assimilé par aucune mesure collective de portée générale.*
>
> 2. *Les habitants indigènes d'un territoire sous mandat ne sont pas investis de la nationalité de la Puissance mandataire en raison de la protection dont ils bénéficient.*
>
> 3. *Il n'est pas contraire aux principes posés ci-dessus sous 1 et 2 que les habitants individuels d'un territoire sous mandat puissent volontairement accepter, par naturalisation, la nationalité de la Puissance mandataire.*
>
> 4. *Il est désirable que les habitants indigènes qui bénéficient de la protection d'une Puissance mandataire soient, dans chaque cas, désignés par une dénomination qui indiquera clairement leur statut.*

Le régime foncier

Dans le même souci de distinguer les territoires sous mandat de la SDN des colonies des Puissance mandataires, le régime foncier applicable, entre autres aux Territoires camerounais, est également précisé par le Conseil, et notamment le sujet important de la propriété du domaine privé de l'État dans ces territoires. Il est recommandé l'institution d'un régime de propriété fondée sur l'immatriculation et la constatation pour protéger et garantir la propriété foncière des autochtones sous le régime du droit coutumier, sans préjudice à la propriété individuelle qui est promue par la procédure de l'immatriculation. Les concessions de terres aux étrangers sont strictement encadrées.

La distinction étant en principe suffisamment faite entre les Territoires camerounais et les colonies de ses Puissances mandataires, les dispositions de l'Article 9 des Conventions respectives de mandat permettent malgré tout à chacune de ces Puissances d'imprimer pleinement ses mœurs sociopolitiques dans le Territoire camerounais qu'elle administre.

L'administration française sous le régime du mandat

Dans le Territoire du Cameroun sous son administration, dénommé Cameroun francophone dans ce livre, la France, conformément à ses traditions en la matière, instaure un exécutif central dirigé par un Commissaire de la République qui est assisté par un Conseil d'administration et un Conseil du contentieux administratif[8]. Dans l'administration courante du Territoire, cet exécutif centralisé s'appuie beaucoup sur les élites traditionnelles et des autochtones formés comme agents administratifs subalternes. Il n'y a aucune structure territoriale qui fait office d'organe législatif, même à titre consultatif.

Le Commissaire de la République préside le Conseil d'administration du Territoire. Il a sous ses ordres tous les services civils et militaires du Territoire. Il détermine les circonscriptions administratives et organise leur fonctionnement. Il promulgue les lois, les décrets, les arrêtés et les règlements. Il réside à Yaoundé, siège du Commissariat[9].

Le Conseil d'administration comprend, en dehors du Commissaire de la République : le secrétaire général du Commissariat ; le procureur de la République, ou à défaut le président du Tribunal de première instance de Douala ; un administrateur des colonies ; le commandant militaire du Territoire ; et deux notables citoyens français proposés par le Commissaire de la République.

Le Conseil d'administration est obligatoirement consulté sur l'établissement du budget et des comptes du Territoire ; sur la création, la modification et la suppression d'impôts, taxes et redevances autres que les droits de douane ; sur les acquisitions, les aliénations et les échanges, au compte du Territoire, de propriétés mobilières et immobilières non affectées à un service public ; sur les marchés et adjudications pour ouvrages et fournitures au-dessus d'une certaine somme… Il peut par ailleurs être facultativement consulté sur tous les sujets que le Commissaire juge utile de soumettre à son appréciation.

Le Conseil d'administration du Territoire se constitue en Conseil du contentieux administratif par l'adjonction de deux magistrats nommés par le Commissaire de la République.

Au niveau de l'organisation judiciaire, la France institue au mois de décembre 1922[10] : une Cour d'appel ; une Cour criminelle ; un Tribunal de première instance ; et des Tribunaux de paix ordinaires. À côté de ces juridictions

---

[8] Décret du 21 mars 1921, JORF, 25 mars 1921, p. 3722.
[9] Un arrêté daté du 1er mai 1921 transfère le Commissariat de Douala à Yaoundé. Une Délégation subsiste à Douala après le transfert.
[10] Décret du 29 décembre 1922 réorganisant la justice française au Cameroun, JORF, 7 février 1923, p. 1366 ; Errata JORF, 10 février 1923, p. 1451.

compétentes toutes les fois que sont partie ou en cause des citoyens français ou des étrangers, la France homologue une justice indigène applicable aux autochtones camerounais et aux autres résidents africains.

En matière judiciaire, le décret du 22 mai 1924 rend exécutoires sur le Territoire les lois et décrets promulgués en Afrique équatoriale française (AEF) et qui instituent le régime de l'indigénat[11].

Les administrateurs peuvent dans ce régime punir par voie disciplinaire les Camerounais non citoyens français et non justiciables des tribunaux français lorsqu'ils se sont rendus coupables d'une contravention à un arrêté du Commissaire de la République ; et lorsqu'ils se sont rendus coupables d'une action ou abstention répressible par voie disciplinaire par un arrêté du Commissaire de la République. Un arrêté de celui-ci énonce les infractions ainsi visées. Elles sont punies d'emprisonnement avec un maximum de 15 jours, ou d'amende avec un maximum de 100 francs. Le Commissaire de la République, en Conseil d'administration, peut annuler ou réduire ces peines et amendes. Au cas où les actes commis sont de nature à compromettre la sécurité publique, et paraissent comporter une sanction supérieure au maximum prévu pour les punitions disciplinaires, le Commissaire peut prononcer l'internement pour une durée supérieure à six années. Les Camerounais ayant servi pendant la guerre, leurs enfants, les chefs de régions, les agents indigènes de l'administration, les assesseurs près les tribunaux indigènes, les membres des assemblées délibérantes ou consultatives, les indigènes décorés, etc. ne sont pas soumis à ce régime juridique discrétionnaire, arbitraire et abusif.

Sur les plans économique et social, la France, par un arrêté du 4 octobre 1924, réglemente le travail forcé au Cameroun comme dans toutes ses colonies d'AEF[12]. Elle y reconduit aussi l'impôt de capitation, la réquisition et la fiscalité douanière institués précédemment par l'Allemagne[13]. Elle entreprend un programme ambitieux de mise en valeur du Territoire financé en grande partie par un endettement du Territoire garanti par l'État français. Le 22 février 1931, le parlement français adopte en effet les lois d'autorisation d'emprunts sur 50 ans qui permettent aux exécutifs coloniaux, notamment

---

[11] Le Code de l'indigénat est adopté en France le 28 juin 1881. Cette loi institue le régime de l'indigénat en Algérie. Ce régime juridique d'exception est ensuite progressivement étendu à l'ensemble des colonies françaises par des décrets. Le décret relatif à l'AEF remonte à 1901.

[12] Le régime du travail forcé s'apparente à un système d'imposition en nature. Il se traduit le plus souvent par des astreintes de portage et des jours de travail gratuit sur des chantiers de travaux dits d'intérêt collectif.

[13] L'impôt de capitation est une somme forfaitaire payer annuellement à l'administration par toutes les personnes physiques adultes, qu'elles soient actives ou pas. La réquisition est une forme d'impôt en travail appelé aussi « prestation ».

ceux du Cameroun, de financer des travaux d'infrastructures dans les secteurs de la santé, de l'éducation et des transports[14].

L'administration britannique sous le régime du mandat

Pour ce qui est du Territoire du Cameroun sous mandat de la Grande-Bretagne, dénommé Cameroun anglophone dans ce livre, il est administré par les organes dirigeants de la colonie britannique du Nigeria. Ses finances sont cependant séparées de celles du Nigeria et certaines lois, à l'exemple du code criminel ou de l'ordonnance sur les tribunaux indigènes, sont en vigueur sur le Territoire du Cameroun en vertu de proclamations spéciales. L'administration que la Grande-Bretagne applique au Cameroun est inspirée de la doctrine du « gouvernement indirect »[15] ainsi résumée par le Haut-commissaire Frederick Lugard : « *administrer par le moyen des chefs, tâcher de les instruire de leurs fonctions d'administrateurs, chercher leur coopération et maintenir leur prestige.* » Il s'agit d'utiliser autant que possible les institutions et les classes dirigeantes traditionnelles dans l'administration courante du Territoire.

Au niveau des circonscriptions administratives, la Grande-Bretagne divise le Territoire du Cameroun sous sa responsabilité en deux parties : *Southern Cameroons* et *Northern Cameroons*. La partie du nord (*Northern Cameroons*) est subdivisée en deux circonscriptions administratives non contiguës rattachées chacune à une province distincte de sa colonie du Nigeria. La subdivision la plus au nord-est administrée par le résident supérieur (*Senior Resident*) de la province nigériane du Bornou dont Maïduguri est le chef-lieu. L'autre subdivision est administrée par le résident supérieur de la province nigériane de l'Adamawa dont le chef-lieu est Yola.

La partie du sud du Territoire (*Southern Cameroons*) forme une province à part entière dont l'administration est confiée à un résident supérieur assisté de quelques *Political* et *District Officers*. Les fonctions de ces derniers consistent essentiellement à assister, à conseiller et superviser les organes traditionnels d'administration.

Le résident supérieur établi dans la province du sud Cameroun reçoit ses instructions du lieutenant-gouverneur des provinces méridionales du Nigeria.

---

[14] En 1939, le tiers du montant global des emprunts autorisés par les deux lois du 22 février 1931 est utilisé par les colonies et les territoires sous mandat (Cameroun & Togo). Les taux fixes débiteurs de ces crédits, garantis par le gouvernement français, sont compris entre 4 et 5,5 %. À la fin des années 1950, et aux débuts des années 1960, ces emprunts sont hérités par les États africains indépendants, et intégralement remboursés dans les années 1980.

[15] *Indirect rule.*

La capitale de cette province du sud Cameroun est Buea. La province comporte quatre subdivisions administratives dont les chefs-lieux sont Bamenda, Kumba, Ossidinge, et Victoria (Limbé).

En matière de justice, la Grande-Bretagne applique au Cameroun le système en vigueur dans sa colonie du Nigeria. Il y a un tribunal provincial dont le résident supérieur est juge avec les pleins pouvoirs. Les fonctionnaires préposés aux divisions sont commissaires du tribunal dotés de pouvoirs de sanctions limités à deux ans d'emprisonnement. Tous les commissaires du tribunal ont compétence sur les Européens et les autochtones. Toute condamnation à plus de six mois de prison est sujette à la confirmation du lieutenant-gouverneur des provinces méridionales du Nigeria, auquel sont envoyées les copies des procès-verbaux pour les causes demandant confirmation. Toutes les condamnations capitales sont revues par le gouverneur du Nigeria en conseil exécutif. Le droit pénal est le code criminel du Nigeria qui est appliqué aux Européens et aux indigènes sans distinction. Le droit civil est le droit coutumier anglais, et les doctrines d'équité et les statuts d'application générale sont ceux qui étaient en vigueur en Angleterre en 1900, modifiés par les conditions que les cours britanniques doivent reconnaître dans les causes civiles concernant les indigènes, le droit indigène et la coutume indigène, quand elles ne sont pas contraires à la justice naturelle et à l'humanité, particulièrement dans les questions relatives au mariage, à la propriété foncière et à l'héritage.

Il y a par ailleurs des tribunaux indigènes conçus sur le modèle de ceux du Nigeria, et appliquant les lois et les coutumes des autochtones. Ces Cours sont établies par le résident supérieur pour satisfaire aux besoins des différents districts. Elles sont régulièrement constituées par mandat et autorisées par le lieutenant-gouverneur. Le mandat détermine l'étendue de la juridiction de la Cour, indique les pouvoirs qui lui sont conférés, et désigne enfin les chefs nommés membres. L'étendue des pouvoirs judiciaires conférés est variable. Aucun de ces tribunaux ne peut prononcer des peines dépassant six mois de prison. D'après la *Land and Native Rights Ordinance*, on peut accorder des pouvoirs exécutifs limités au tribunal tout entier ou à un seul chef élu. Le *District officer*, auquel il est fait appel, a le droit d'entrer en tout temps dans ces tribunaux autochtones pour y promouvoir les procédures juridiques britanniques à l'effet de s'assurer que les chefs sont des instruments effectifs de la justice britannique. Il lui est cependant recommandé d'éviter toute intervention intempestive pour susciter et entretenir l'esprit de responsabilité et d'initiative chez les chefs. L'objectif recherché est de faire des tribunaux autochtones des composantes à part entière du système judiciaire de façon à le décharger des litiges qui peuvent être mieux traités par les autochtones.

S'agissant du régime foncier, une ordonnance dispose que la totalité des terres du Territoire, à quelques exceptions près, appartient aux autochtones et que ces terres sont placées sous l'autorité du Gouverneur. Celui-ci les détient et les gère pour l'usage et le bénéfice commun des autochtones, eu égard à leurs lois et coutumes. Le Gouverneur peut concéder le droit d'occupation à un étranger pour une durée déterminée ou indéterminée, et jusqu'à concurrence de 490 hectares pour la culture et 5 060 hectares pour les pâturages.

En matière économique et sociale, la Grande-Bretagne abolit le travail forcé au Cameroun sous son administration pour les entreprises privées. Elle maintient cependant un travail obligatoire pour les travaux et services publics comme la construction de routes par exemple. Cette forme de travail forcé est soumise à approbation administrative et doit nécessairement faire l'objet de rémunération. S'agissant de la fiscalité, la Grande-Bretagne reconduit comme la France l'impôt de capitation introduit au Cameroun par l'Allemagne. Les frontières fiscales entre le Nigeria et le Territoire du Cameroun sous administration britannique sont abolies.

Au mois de juillet 1929 la Grande-Bretagne adopte la *Colonial Development Act* qui matérialise sa volonté d'accélérer l'équipement de ses colonies en infrastructures de base. C'est un programme de grands travaux publics financés sur emprunts des colonies garantis par le gouvernement britannique. La province du sud Cameroun bénéficie de ce programme d'investissements présentés par les exécutifs coloniaux, dont ceux de la colonie britannique du Nigeria.

Un pays sous la tutelle des Nations unies

Le régime international de la tutelle remplace celui du mandat après la Deuxième Guerre mondiale. Les clauses qui régissent ce nouveau régime juridique figurent dans le chapitre XII de la Charte des Nations unies et dans les Accords de tutelle approuvés par les Nations unies le 13 décembre 1946.

Le régime de la tutelle

La Charte des Nations unies adoptée le 26 juin 1945 à San Francisco institue, en son chapitre XII (Art. 75 à 85), un régime international de tutelle applicable, entre autres, aux Territoires sous mandat de la défunte SDN. Avec ce nouveau régime juridique conçu pour les Territoires considérés comme non autonomes, il s'agit pour la communauté internationale, à travers le monitoring exercé par l'Organisation des Nations unies (ONU), de veiller à ce que l'administration des Territoires sous sa tutelle, confiée par elle à certains de ses États membres, se fasse toujours au profit des populations de ces Territoires, conformément aux objectifs et à l'éthique des Nations unies.

Après le démarrage des travaux de l'ONU à partir du 24 octobre 1945, le régime international de la tutelle est appliqué aux Territoires du Cameroun, du Ruanda-Urundi, du Tanganyika, du Togo, du Samoa occidental, du Nauru, de la Nouvelle-Guinée, des États fédérés de Micronésie, de la République des Îles Marshall, du Commonwealth des Mariannes-du-Nord, et du Palaos. Les Nations unies confient, après la signature des Accords de tutelle avec les impétrants, l'administration de ces Territoires au Royaume-Uni (Cameroun occidental, Togo occidental, Tanganyika, Nauru), à la France (Togo oriental, Cameroun oriental), à l'Italie (Somalie)[16], à la Belgique (Ruanda-Urundi), à la Nouvelle-Zélande (Samoa-occidental, Nauru), à l'Australie (Nouvelle-Guinée, Nauru), et aux États-Unis (Îles du Pacifique : États fédérés de Micronésie, République des Îles Marshall, Commonwealth des Mariannes-du-Nord, Palaos).

Ce nouveau processus international est conduit comme pour les Territoires sous mandat sans le consentement des populations concernées. Dans la Charte des Nations unies, les États en charge de l'administration de ces Territoires africains et asiatiques sont dénommés « Puissances administrantes ».

Pour le Cameroun, Territoire administré depuis le 20 juillet 1922 par la France, Puissance mandataire de la SDN pour sa partie orientale et centrale, et le Royaume-Uni, Puissance mandataire de la SDN pour sa partie occidentale et septentrionale, l'ONU reconduit ce schéma d'administration territoriale dans les Accords de tutelle signés le 13 décembre 1946[17]. Le régime de la tutelle internationale entre en vigueur dans le Cameroun francophone après la publication par la France du décret du 29 janvier 1948. Malgré son statut international, le Cameroun francophone est un « Territoire associé » de l'Union française. Quant au Cameroun anglophone, il est associé dans son administration par le Royaume-Uni à sa colonie du Nigeria.

Les Accords de tutelle

Le vendredi 13 décembre 1946, l'Assemblée générale des Nations unies examine 8 projets d'Accords de tutelle relatifs à des Territoires sous mandat de la Société des Nations[18]. Ces projets d'Accords sont proposés par les anciennes

---

[16] Dans sa résolution 289 (IV) du 21 novembre 1949, l'Assemblée générale des Nations unies recommande que la Somalie, ancienne colonie italienne soit constituée en un État indépendant et souverain dans un délai de 10 ans à compter de la signature de l'Accord de tutelle avec l'Italie. Cet Accord de tutelle est signé le 27 janvier 1950.
[17] Cf. Annexes 4 et 5.
[18] Les projets d'Accords de tutelle en question sont les suivants : Accord soumis par l'Australie pour le Territoire sous mandat de la Nouvelle-Guinée ; Accord soumis par la Belgique pour le Ruanda-Urundi ; Accord soumis par la France pour le Cameroun oriental et le Togo oriental ; Accord soumis par la Nouvelle-Zélande pour le Samoa

puissances mandataires de la SDN. Lors de la séance plénière de l'Assemblée générale sur le vote de ces Accords de tutelle, l'Inde, par la voix de son représentant, s'oppose sans succès à la clause prévoyant que la France (Cameroun francophone) et le Royaume Uni (Cameroun anglophone) entre autres, administrent les Territoires sous tutelle mis à leur disposition comme « partie intégrante » de leurs propres territoires. C'est sur cette disposition que les Puissances administrantes s'appuient pour appliquer leur législation nationale dans les Territoires sous tutelle.

Au terme de ses travaux du 13 décembre 1946, l'Assemblée générale des Nations unies approuve en l'état les 8 projets d'Accords et crée ainsi, par la désignation effective des Puissances administrantes, les conditions nécessaires à la constitution du Conseil de tutelle (Art. 86), organe important des Nations unies dont les missions sont les suivantes (Art. 87)[19] :

> a. *Examiner les rapports soumis par l'autorité chargée de l'administration ;*
>
> b. *Recevoir des pétitions et les examiner en consultation avec ladite autorité ;*
>
> c. *Faire procéder à des visites périodiques dans les territoires administrés par ladite autorité, à des dates convenues avec elle ;*
>
> d. *Prendre ces dispositions et toutes autres conformément aux termes des Accords de tutelle.*

Les deux Accords de tutelle pour les Territoires du Cameroun sous administrations française et britannique comportent respectivement 15 et 19 articles précédés dans chaque cas d'un préambule.

En « préambule », la France et le Royaume-Uni rappellent qu'ils administraient jusque-là ces Territoires selon leurs législations respectives en vertu des Conventions de mandat signées avec la SDN le 20 juillet 1922 à Londres. Il est indiqué que cette disposition est avantageuse pour les populations concernées pour diverses raisons. Il est également rappelé en « préambule » que les deux Puissances administrantes manifestent leurs désirs de placer les

---

occidental ; Accord soumis par le Royaume-Uni pour le Tanganyika, le Cameroun occidental et le Togo occidental.

[19] Le chapitre XIII (Art. 86 à 91) de la Charte des Nations unies est consacré au Conseil de tutelle. L'article 86 dispose que le Conseil de tutelle est composé des Puissances administrantes (86*a*), des membres permanents du Conseil de sécurité (86*b*), et autant de membres élus pour 3 ans, par l'Assemblée générale, qu'il est nécessaire pour que le nombre total des membres du Conseil de tutelle se répartissent également entre Puissances administrantes et membres des Nations unies qui n'administrent pas de Territoires sous tutelle (86*c*).

Territoires sous mandat du Cameroun qu'elles administrent sous le nouveau régime international de la tutelle conformément aux Articles 75 et 77 de la Charte des Nations unies. Il est enfin précisé que les termes du régime de tutelle doivent être approuvés par l'Assemblée générale des Nations unies conformément à l'Article 85 de la Charte.

Les Articles premiers délimitent les Territoires concernés par les Accords. Ils renvoient à cet effet à la Déclaration franco-britannique du 10 juillet 1919.

Dans les Articles 2 (France) et 3 (Royaume-Uni) des Accords, les gouvernements français et britannique s'engagent, au titre d'Autorité chargée de l'administration de ces Territoires (Art. 81 Charte), « *à y rechercher les fins essentielles du régime de tutelle énoncées à l'Article 76 de la Charte, et à prêter toute son assistance à l'Assemblée générale et au Conseil de tutelle dans l'exercice de leurs fonctions telles qu'elles sont fixées par les Articles 87 et 88 de la Charte* ». Les alinéas qui suivent (France) précisent les obligations du gouvernement envers les instances du régime international de la tutelle à savoir : présenter un rapport annuel sur leurs administrations à l'Assemblée générale ; faciliter les Missions de visite sur les Territoires ; etc.

Les Articles 3 (France) et 4 (Royaume-Uni) des deux Accords confèrent à la France et au Royaume-Uni la responsabilité de la sécurité et de la paix sur les Territoires concernés ainsi que leur défense contre d'éventuelles agressions extérieures.

Les Articles 4 (France) et 5 (Royaume-Uni) autorisent les deux Puissances administrantes des Territoires du Cameroun à les administrer selon leurs mœurs sociopolitiques.

Les Articles 5 (France) et 6 (Royaume-Uni) soumettent les deux Puissances administrantes à l'obligation d'associer les Camerounais à l'administration politique de leurs Territoires. Ils indiquent que cela doit se faire par la promotion dans ces Territoires d'organes démocratiques représentatifs et l'organisation le moment venu de consultations électorales pour permettre aux Camerounais de se prononcer librement sur leur indépendance politique.

Les Articles 6 (France) et 7 (Royaume-Uni) obligent les deux Puissances administrantes à maintenir l'application des Conventions internationales en vigueur au Cameroun et à y étendre celles qui, adoptées à l'avenir, seront favorables aux intérêts des Camerounais tout en étant compatibles avec les buts essentiels du régime de tutelle.

Les Articles 7 (France) et 8 (Royaume-Uni) recommandent aux deux Puissances administrantes de prendre en considération les lois et coutumes camerounaises dans l'administration foncière de leurs Territoires.

Les Articles 8, 9 (France) et 9 (Royaume-Uni) obligent les deux pays, sans préjudice de leurs prérogatives de Puissances administrantes, à assurer au Cameroun une égalité de traitement à tous les ressortissants des États membres des Nations unies.

Les Articles 10 (France et Royaume-Uni) ordonnent d'assurer au Cameroun, sans préjudice des nécessités du maintien de l'ordre public et des bonnes mœurs, la pleine jouissance des libertés politiques et publiques fondamentales. Ils recommandent par ailleurs aux deux Puissances administrantes de développer à l'attention des Camerounais, les enseignements généraux et techniques de niveaux primaire, secondaire et supérieur.

Les autres articles rappellent le droit des Puissances administrantes de proposer tout ou partie des Territoires camerounais à la désignation de « zone stratégique » ; indiquent les modalités d'amendement des Accords de tutelle ; énoncent les clauses compromissoires des Accords ; autorisent les Puissances administrantes à représenter le Cameroun dans les instances étatiques internationales ; précisent que les Accords de tutelle entrent en vigueur dès leur approbation par l'Assemblée générale des Nations unies.

L'administration française sous le régime de la tutelle

Du 30 janvier au 8 février 1944, la France Libre organise une Conférence à Brazzaville dans la perspective d'une réforme coloniale. Cette Conférence rassemble les gouverneurs et les administrateurs de colonies. Malgré son statut international, l'avenir du Cameroun francophone est en débat dans cette conférence qui s'achève avec un certain nombre de recommandations comme la nécessité d'associer les autochtones à l'administration de leurs affaires au niveau local ; de supprimer des régimes de l'indigénat et du travail forcé ; etc.

Au sortir de la Seconde Guerre mondiale, la France change de République. À l'Assemblée constituante de la IVe République, le Territoire du Cameroun francophone est représenté par 2 élus, dont un autochtone Camerounais. La Constitution de la IVe République qui institue l'Union française et tous les nouveaux organes politiques de la France est promulguée le 27 octobre 1946. Le Cameroun francophone délègue des représentants dans toutes ces assemblées. 3 Camerounais du Territoire siègent ainsi à l'Assemblée nationale française. Il en est de même au Conseil de la République (Sénat). À l'Assemblée de l'Union française, le Territoire dispose de 5 sièges. 2 sièges du Conseil économique et social lui sont également réservés. Tous ces sièges sont à pourvoir à partir du mois d'octobre 1946.

Les premières élections des représentants du Cameroun à l'Assemblée nationale française se déroulent le 10 novembre 1946. Les élections des représentants du Cameroun au Conseil de la République ont lieu le 10 février 1947.

Les élections des représentants du Cameroun au sein de l'Union françaises ont lieu le 11 octobre 1947.

Sur le Territoire, l'organe exécutif est, depuis la fin des années 1930, le Haut-Commissaire de la République française au Cameroun. Il a dorénavant en face de lui un organe délibératif pourvu majoritairement par voie élective.

En effet, suivant les recommandations de la Conférence de Brazzaville, la France crée l'Assemblée représentative du Cameroun (ARCAM) en 1946. Celle-ci dispose de deux collèges dont l'un pour les autochtones, et l'autre pour les colons français. Le suffrage est restreint pour les autochtones, et universel pour les colons. 16 sièges sont réservés aux 2 500 colons français du Cameroun. 24 sièges reviennent aux 3 000 000 millions de Camerounais. 6 des sièges destinés aux Camerounais sont pourvus par nomination du Haut-commissaire français. L'ARCAM est présidée de droit par un colon. Les élections à l'ARCAM ont lieu du 22 décembre 1946 au 19 janvier 1947.

La loi française du 6 février 1952[20] substitue l'Assemblée Territoriale du Cameroun (ATCAM) à l'Assemblée représentative du Cameroun (ARCAM). L'ATCAM compte 50 membres dont 32 pour les Camerounais et 18 pour les colons français. Ses pouvoirs délibératifs sont plus étendus que ceux de l'ARCAM. Les élections à l'ATCAM ont lieu le 30 mars 1952 aux scrutins restreint pour les Camerounais, et universel pour les colons français.

Le 23 juin 1956, une « Loi cadre » est adoptée par l'Assemblée nationale française. Elle prévoit que les assemblées territoriales exercent la plénitude du pouvoir législatif et sont élues au collège unique et au suffrage universel. Au Cameroun le nombre de sièges de l'ATCAM est porté de 50 à 70. L'ATCAM est dissoute le 8 novembre 1956 pour permettre sa reconstitution sur la base des nouvelles règles électorales. Ces élections se tiennent le 23 décembre 1956 dans un contexte de violence d'inspiration politique dans plusieurs circonscriptions électorales.

Les nouveaux élus à l'ATCAM se regroupent par circonscription électorale au sein de 4 groupes parlementaires : l'Union camerounaise (UC) rassemble les 30 élus dans la région du nord ; les Démocrates camerounais (DC) rassemblent les 20 élus des régions du centre et du sud ; les Paysans indépendants (PI) rassemblent le 9 élus de région de l'ouest ; et le Mouvement d'action nationale du Cameroun (MANC) rassemble le 8 élus de la région du littoral.

La nouvelle ATCAM se réunit le 28 janvier 1957 et porte Ahmadou Ahidjo à sa présidence. Il est le leader du groupe parlementaire UC qui est numériquement le plus important. La nouvelle assemblée se saisit du projet

---

[20] JO 7 février 1952 p. 1537.

du gouvernement français relatif au nouveau statut élaboré pour le Cameroun. Il s'agit, conformément aux recommandations des Nations unies, d'institutionnaliser l'autonomie politique du Territoire sous tutelle du Cameroun oriental et central, ceci dans la perspective de son indépendance. Le 22 février 1957, l'ATCAM émet un avis favorable au texte amendé du gouvernement français à 59 voix contre 8[21]. Les groupes parlementaires de l'UC, des DC et des Paysans indépendants (PI) votent pour le texte. Le groupe du MANC, dont le projet alternatif est jugé irrecevable par l'ATCAM, vote contre le texte. Le texte amendé par l'ATCAM est soumis à l'Assemblée de l'Union française à sa séance du 21 mars 1957. Il est ensuite adopté par l'Assemblée nationale française le 4 avril 1957, et par le Conseil de la République (Sénat) le 11 avril 1957.

Le 16 avril 1957, la France promulgue le décret portant statut du Cameroun sous son administration[22]. Ce décret entre vigueur le 9 mai 1957. Le Cameroun francophone n'est plus un Territoire sous tutelle, mais un « État sous tutelle » dont l'accès à la souveraineté internationale est imminent.

Le décret du 16 avril 1957 instaure un parlement qui dispose du pouvoir législatif sauf sur le régime des libertés publiques, les affaires étrangères, la défense, l'ordre public, la sécurité des biens et des personnes, le régime de la monnaie et des changes, les programmes et examens de l'éducation nationale, le code pénal, la procédure pénale, le contentieux administratif, la législation et la réglementation commerciales et les services publics de la République française (Art. 9 à 17). Ces domaines relèvent de la responsabilité du Haut-commissaire qui exerce par ailleurs une tutelle sur le fonctionnement des institutions politiques du Cameroun (Art. 39 à 49).

L'État sous tutelle du Cameroun dispose d'un gouvernement qui exerce des prérogatives importantes jusque-là dévolues au Haut-commissaire (Art. 18 à 30). Il est dirigé par un Premier ministre. Celui-ci est nommé par le Haut-commissaire et investi par l'ALCAM à la majorité simple. Il nomme les ministres dont le nombre ne peut être supérieur à 9, et les secrétaires d'État dont le nombre ne peut être supérieur à 5. Le gouvernement est responsable devant l'ALCAM. Celle-ci peut le renverser en votant une motion de censure à la majorité des deux tiers. Le Premier ministre peut poser la question de confiance. Le refus de la confiance à la majorité absolue entraîne la démission du gouvernement.

Le Conseil des ministres est présidé par le Haut-commissaire. Le Conseil des ministres et les députés de l'ATCAM ont l'initiative des lois.

---

[21] Une cinquantaine d'amendements sont adoptés à l'issu des travaux.
[22] Décret 57-501 du 16 avril 1957, JORF du 18 avril 1957, p. 4112.

Pour honorer les dispositions de l'Article 55 du décret du 16 avril 1957, l'ATCAM élue le 23 décembre 1956 est transformée en Assemblée législative du Cameroun (ALCAM). Celle-ci fait office de Parlement du nouvel « État sous tutelle ».

Ces aménagements institutionnels matérialisent les recommandations récurrentes des Nations unies : la définition d'une citoyenneté camerounaise ; la création d'une assemblée législative élue au suffrage universel et au collège unique ; la mise en place d'un gouvernement responsable devant l'assemblée ; etc.

Le 12 mai 1957, le Haut-commissaire Pierre Messmer désigne André Marie Mbida (DC) pour former le premier gouvernement du Cameroun francophone et constituer une majorité politique au sein de l'ALCAM. Son groupe parlementaire (DC) s'associe aux groupes UC et PI pour constituer cette majorité politique. Le gouvernement André Marie Mbida est investi le 15 mai 1957 par l'ALCAM avec 56 voix pour et 10 contre. Sur les 13 postes ministériels, les Démocrates camerounais en détiennent 6, l'Union camerounaise 5 et les Paysans indépendants 2. Ahmadou Ahidjo, le leader de l'UC, occupe le poste vice-Premier ministre, ministre de l'Intérieur. Il cède l'intérim de la présidence de l'ALCAM à Jules Ninine, un membre du groupe de l'UC.

Au mois de janvier 1958, Jean Ramadier remplace Pierre Messmer dans les fonctions de Haut-commissaire de la République française au Cameroun. Après ce changement, une crise gouvernementale survient au mois de février 1958. Elle débouche sur la démission du Premier ministre André Marie Mbida et son remplacement à la Primature par Ahmadou Ahidjo. Après cette crise gouvernementale, Xavier Torré remplace Jean Ramadier comme de Haut-commissaire. Il a pour mission de préparer, avec le gouvernement Ahmadou Ahidjo, la levée de la tutelle des Nations unies par l'indépendance du Cameroun francophone.

L'administration britannique sous le régime de la tutelle

Après l'institution du régime de la tutelle des Nations unies, le Cameroun est de nouveau administré par le Royaume-Uni en tant que partie intégrante de sa colonie du Nigeria. Les règles législatives, administratives et juridiques applicables au Cameroun anglophone connaissent des aménagements à partir de 1948. Ces nouvelles règles sont consignées dans la Constitution du Nigéria qui entre en vigueur le 1er octobre 1954[23]. Elle formalise pour la première fois l'administration décentralisée du Nigeria dans le cadre d'une fédération.

---

[23] La Constitution Lyttelton, du nom d'Oliver Lyttelton, Secrétaire d'État britannique aux Colonies.

Dans ce texte, le Cameroun septentrional fait partie administrativement de la région du nord de la Fédération nigériane. Les organes administratifs, exécutifs et législatifs de cette région ont autorité sur ce Territoire camerounais. En 1955, le Nigeria crée un ministère des Affaires du Cameroun septentrional qui est confié à un représentant camerounais élu dans l'émirat de Dikwa. Un Comité consultatif est également créé pour le Cameroun septentrional. Il est composé en 1956 des 5 membres de l'Assemblée de la région nigériane du nord[24] qui représentent les circonscriptions du Cameroun septentrional (2 élus des circonscriptions du Bornou ; 3 élus des circonscriptions de l'Adamawa) ; d'un membre de la même Assemblée qui représente la circonscription de Wukari comprenant une partie du Cameroun septentrional ; d'un membre nommé pour représenter la région de Tigon-Ndoru Kenru, de 4 représentants du Cameroun septentrional à la Chambre fédérale des représentants ; ainsi que de l'Émir de Dikwa et du Lamido de l'Adamawa. Il est présidé par le ministre des Affaires du Cameroun septentrional. C'est un organe habilité à signaler au Conseil exécutif de la région du nord les besoins propres du Cameroun septentrional et de lui adresser des recommandations. Au mois de novembre 1955, ce Comité adopte à l'unanimité une Déclaration affirmant que le Cameroun septentrional devrait continuer à faire partie de la région nigériane du nord et ne devrait en aucune circonstance être rattaché au Cameroun méridional.

Le Cameroun méridional, rattaché précédemment à la région de l'est du Nigeria, est désormais un Territoire autonome (*Quasi federal state*) ayant ses propres organes exécutifs et législatifs. Le 29 décembre 1956, l'Assemblée du Cameroun méridional est dissoute par le gouverneur général du Nigeria. Une nouvelle Chambre est élue au mois de mars 1957 avec des règles électorales arrêtées à la Conférence constitutionnelle de Londres de 1954.

Du 28 mai au 1er juin 1956, c'est-à-dire un an avant la Conférence de Londres de 1957, les partis du Cameroun méridional tiennent une réunion à Bamenda pour s'accorder sur les réformes politiques qu'ils souhaitent pour leur Territoire. Ils s'accordent entre autres sur le fait de réclamer au Royaume-Uni, la Puissance administrante du Territoire, un statut d'autonomie intégral avec un parlement bicaméral et un système de gouvernement ministériel. Ils ne s'entendent cependant pas sur le sujet du maintien ou non de l'appartenance administrative du Cameroun méridional à la Fédération nigériane.

Un courant politique, représenté par le *Kamerun National Congress* (KNC, Emmanuel Endeley) et le *Kamerun People's Party* (KPP, Nerius Mbile),

---

[24] L'Assemblée de la région nigériane du nord compte 131 membres après les élections de 1956.

prône la négociation immédiate d'une autonomie définitive du Cameroun méridional au sein de la Fédération nigériane.

Un autre courant politique, représenté par le *Kamerun National Democratic Party* (KNDP, John Ngu Foncha) et le *One Kamerun* (OK, Ndeh Ntumazah), soutient la séparation immédiate avec la Fédération nigériane et l'association plus tard avec le Cameroun sous administration française.

Aux mois de mai et juin 1957, la Conférence constitutionnelle sur le Nigeria s'ouvre à Londres. Elle est présidée le secrétaire d'État britannique aux Colonies. Le Nigeria y est représenté par 10 délégués et 5 conseillers pour chacune des trois régions du pays (Est, Nord, Ouest). Les représentants de la région du nord comptent un délégué du Cameroun septentrional. 5 délégués et 3 conseillers représentent le Cameroun méridional à cette Conférence. Parmi ces délégués, 3 représentent le KNC, parti majoritaire à l'Assemblée du Cameroun méridional ; 1 le KNDP ; et 1 le KPP. À l'issue des élections législatives du 15 mars 1957, 6 des 13 sièges à pourvoir sont en effet gagnés par le KNC ; 5 par le KNDP ; et 2 par le KPP.

À la Conférence, le représentant du Cameroun septentrional soutient que ce Territoire souhaite continuer à faire administrativement partie de la région du nord du Nigeria. À la suite de la Conférence, le gouvernement de la région du nord réorganise le Comité consultatif du Cameroun septentrional pour en faire officiellement un Comité du Conseil exécutif de ce Territoire.

Pour le Cameroun méridional, le Royaume-Uni entérine la demande d'autonomie exprimée par tous ses représentants politiques et décide d'y nommer un Haut-Commissaire, et de réformer son Conseil exécutif pour en faire son principal organe exécutif. Le Commissaire britannique demeure le président du Conseil exécutif. Il y a, comme par le passé, 3 membres du Conseil qui siègent ès qualité : le Commissaire adjoint, le secrétaire aux Finances, et le secrétaire aux Affaires juridiques (*Attorrney General*). Le nombre des membres non fonctionnaires du Conseil est porté de 4 à 5, de telle sorte que ceux-ci soient majoritaires au sein de cet organe qui compte 9 membres. Ces derniers portent le titre de ministre, et l'un d'entre eux celui de Premier ministre. Les ministres sont nommés par le Commissaire sur proposition du Premier ministre.

À l'Assemblée le nombre de membres élus est porté de 13 à 26. Les 3 membres siégeant ès qualité sont maintenus de même que les 2 sièges pourvus par nomination du Commissaire au titre de représentants des intérêts ou des communautés minoritaires dans le Territoire. La représentation spéciale des autorités indigènes est abolie au sein de l'Assemblée. Une Chambre des chefs, dotée d'attributions consultatives, est créée. Elle compte une vingtaine de membres.

Pour mettre en œuvre cette réforme constitutionnelle, le Royaume-Uni envisage de procéder à de nouvelles élections générales. À la reprise de la Conférence de Londres au mois de juin 1958, le Royaume-Uni reporte la revue des nouvelles réformes institutionnelles envisagées pour le Cameroun méridional en raison des oppositions apparues entre les coalitions KNC/KPP et KNDP/KO au sujet de l'avenir politique du Territoire. Il est décidé que ce différend politique soit résolu par les élections législatives prévues le 24 janvier 1959. Sur les 26 sièges pourvus lors de ce scrutin, 14 sont remportés par le KNDP et les 12 autres par l'alliance KNC/KPP. Le parti OK ne présente pas de candidat à ce scrutin. John Ngu Foncha, le leader du KNDP, est nommé Premier ministre le 30 janvier 1959. Dès lors, le Royaume-Uni prend des dispositions constitutionnelles pour renforcer les prérogatives politiques des institutions du Cameroun méridional. Au regard du projet de l'indépendance du Nigeria au mois d'octobre 1960, les Nations unies exigent du Royaume-Uni qu'il sépare clairement les institutions administratives et politiques du Cameroun méridional de celles du Nigeria.

La fin de la tutelle internationale

La levée de la tutelle des Nations unies sur les Territoires camerounais se fait en deux temps, et selon deux modalités différentes.

Dans un premier temps, c'est le Territoire du Cameroun administré par la France qui est concerné (Cameroun francophone). L'ONU choisit de lever sa tutelle par l'indépendance de ce Territoire. Celle-ci est proclamée le 1er janvier 1960 et c'est la naissance de la République du Cameroun.

Dans un deuxième temps, c'est le Territoire du Cameroun sous administration du Royaume-Uni qui est concerné (Cameroun anglophone). Dans ce cas, l'ONU n'offre pas à ce Territoire la possibilité de devenir indépendant après la levée de sa tutelle. Elle propose aux populations de ce Territoire camerounais de choisir de rattacher leur Territoire à celui de la République fédérale du Nigeria ou à celui de la République du Cameroun. Les populations du Cameroun méridional (Cameroun anglophone) choisissent le rattachement à la République du Cameroun.

La levée de la tutelle des Nations unies sur le Territoire du Cameroun administré par la France

Le 12 juin 1958, l'ALCAM adopte une résolution demandant au gouvernement français la reconnaissance de l'option de l'indépendance du Cameroun, le transfert à l'État sous tutelle du Cameroun de toutes les compétences relatives à la gestion des affaires intérieures au 1er janvier 1959 (statut d'autonomie interne totale), et le maintien de la tutelle jusqu'à l'accession à l'indépendance. Le 15 juillet 1958, le gouvernement français prend « *acte de la volonté exprimée par l'assemblée législative du Cameroun de voir l'État du Cameroun sortir de la tutelle par l'accession à l'indépendance* » [25]. Le Premier ministre Ahmadou Ahidjo engage dès lors les négociations avec la France pour la définition d'un nouveau statut d'autonomie interne à valoir pour la période transitoire qui court jusqu'à l'indépendance.

À la session parlementaire d'octobre 1958, le gouvernement Ahmadou Ahidjo transmet à l'ALCAM le projet de statut d'autonomie élaboré avec la France depuis la fin de la précédente session parlementaire de juin 1958. Après son amendement, l'ALCAM adopte le projet de statut et mandate le Premier ministre Ahmadou Ahidjo pour le finaliser avec la France[26].

Le 24 octobre 1958, l'ALCAM adopte une résolution dans laquelle elle « *proclame solennellement la volonté du peuple camerounais de voir l'État du Cameroun accéder à la pleine indépendance nationale le 1er janvier 1960* » et elle « *invite en conséquence le gouvernement camerounais à demander à la France de saisir l'assemblée générale des Nations unies au cours de sa présente session de l'abrogation de l'accord de tutelle, concomitante à l'indépendance du Cameroun* ». L'ALCAM réaffirme à cette occasion « *son attachement au principe de la réunification des deux Cameroun* », et souhaite « *que toutes les dispositions soient prises pour que les populations intéressées puissent se prononcer en toute liberté sur cette réunification* » avant le 1er janvier 1960[27].

En cohérence avec l'initiative de l'ALCAM, la France informe les Nations unies le 28 octobre 1958 de son intention de déposer, durant la session en cours, un mémorandum pour la levée de la tutelle par l'accession à l'indépendance du Cameroun. Le 13 novembre 1958, le *Mémorandum sur l'avenir du Cameroun sous administration française* est déposé par la France au

---

[25] Depuis le 1er juin 1958, le général de Gaulle est président du Conseil (chef du gouvernement) en France.
[26] Du 6 au 20 décembre 1958, le Premier ministre Ahmadou Ahidjo séjourne à Paris à l'effet de finaliser le texte définitif du statut de la pleine autonomie. Le 8 décembre, il rencontre le Haut-commissaire Xavier Torré ; le 9 décembre, il déjeune avec les membres de la Mission Gerig qui vient de séjourner au Cameroun et qui est sur le chemin du retour au siège des Nations unies à New York ; le 10 décembre, Ahmadou Ahidjo est reçu en audience par le général de Gaulle, président du conseil ; le 17 décembre, il rencontre Jacques Koscziusko-Morizet, le représentant permanent de la France au Conseil de tutelle des Nations-Unies ; les 10, 12 et 18 décembre, il rencontre Bernard Cornut-Gentille, le ministre de la France d'outre-mer. Le Premier ministre Ahmadou Ahidjo signe plusieurs conventions avec la France à l'issue de ce séjour.
[27] Cf. Annexe 6 pour le texte intégral de la résolution votée par l'ALCAM.

Secrétariat général des Nations unies[28]. Sa principale recommandation est conforme à la suggestion de l'ALCAM :

> *Afin d'éviter tout retard dans la réalisation des vœux des populations camerounaises, le gouvernement de la République française propose que le Conseil de tutelle soit prié par l'assemblée générale d'arrêter, compte tenu du rapport de la Mission de visite, toutes mesures appropriées pour que l'assemblée générale puisse, au cours de sa 14e session, prendre une décision concernant la cessation du régime de tutelle simultanément avec l'accession du Cameroun à l'indépendance le 1er janvier 1960.*

Le 30 décembre 1958, la France promulgue le nouveau statut du Cameroun par ordonnance[29]. Il entre en vigueur le 1er janvier 1959. Dans le préambule de ce nouveau statut dit de « pleine autonomie », la France reconnaît l'option du Cameroun francophone pour l'indépendance. En préambule des nouveaux statuts du Cameroun, elle prend acte de la volonté du peuple camerounais de voir l'État sous tutelle du Cameroun accéder à la pleine indépendance le 1er janvier 1960, et elle s'engage à prendre toutes les mesures propres à favoriser l'accession du Cameroun à l'indépendance.

À l'ONU, des pétitionnaires camerounais menés par Félix Roland Moumié, le président du comité directeur de l'Union des populations du Cameroun (UPC), exigent l'organisation préalable d'une consultation électorale pour légitimer les dirigeants et les institutions politiques du futur Cameroun indépendant.

L'Assemblée générale de l'ONU délibère sur l'avenir du Cameroun francophone le 13 mars 1959 à la séance de clôture de sa 13e session. Durant les débats, les différents intervenants exposent les motivations de leurs positions respectives. Mais malgré les critiques et les regrets, tous les intervenants se réjouissent de la perspective de l'indépendance du Cameroun sous administration française au 1er janvier 1960. Au terme des délibérations le projet de résolution sur l'avenir du Cameroun sous administration française est soumis au vote et adopté par l'Assemblée générale des Nations unies par 56 voix pour, aucune voix contre et 23 abstentions. Aucune voix ne s'exprime contre le texte adopté qui devient la résolution 1349 (XIII)[30] de l'Assemblée générale des Nations unies.

Après avoir librement sollicité l'arbitrage des Nations unies, et participé tout aussi librement aux débats contradictoires organisés sur l'avenir des Territoi-

---

[28] Cf. Annexe 7 pour le texte intégral du Mémorandum.
[29] Ordonnance n° 58-1375 du 30 décembre 1958 portant statut du Cameroun ainsi que les conventions annexes.
[30] Cf. Annexe 8.

res sous tutelle du Cameroun aux mois d'octobre et novembre 1958 dans un premier temps, puis aux mois de février et mars 1959 dans un deuxième temps, Félix Roland Moumié, aux noms de l'UPC et de ses organisations annexes, rejette la résolution 1349 (XIII) adoptée par l'Assemblée générale des Nations unies et se retranche derrière le slogan de « l'indépendance véritable » pour légitimer l'usage de la violence à des fins politiques. Le 31 mai 1959, le Comité directeur de l'UPC annonce depuis Le Caire la création de l'Armée de libération nationale du Kamerun (ALNK) supposée être la branche armée du parti. Avec la création de l'ALNK, l'UPC de Félix Roland Moumié se donne pour objectif d'imposer par la violence les options politiques qu'elle préconise pour l'indépendance du Cameroun. La levée de la tutelle des Nations unies sur le Territoire du Cameroun francophone est ainsi parasitée par des actes de violence meurtrière dans plusieurs régions.

Le 1er janvier 1960, la tutelle des Nations unies est malgré tout officiellement levée sur le Cameroun francophone qui accède de ce fait à l'indépendance. Le Premier ministre Ahmadou Ahidjo proclame l'indépendance en présence de plusieurs délégations officielles dont celle des Nations unies conduite par Dag Hammarskjöld, son secrétaire général.

La levée de la tutelle des Nations unies sur le Territoire du Cameroun administré par le Royaume-Uni

À la fin de sa 13e session qui se tient au mois de mars 1959, les Nations unies adoptent, à la suite de la résolution 1349 (XIII), la résolution 1350 (XIII) qui concerne le Cameroun sous administration du Royaume-Uni. Elle prévoit, sur l'initiative du Royaume-Uni, l'organisation d'un référendum dans le Cameroun septentrional pour décider du rattachement ou pas de ce Territoire came-rounais à la région nord de sa colonie du Nigeria avant son accession à l'indépendance prévue le 1er octobre 1960. Ce référendum a lieu le 7 novembre 1959 sous la supervision des Nations unies. Les questions posées aux ressortissants camerounais de ce Territoire sont les suivantes :

> *Désirez-vous que le Cameroun septentrional fasse partie de la région nord de la Nigeria lorsque la fédération nigériane accédera à l'indépendance ?*
>
> *Ou,*
>
> *Préférez-vous que l'avenir du Cameroun septentrional soit décidé plus tard ?*

Une majorité de 62 % des suffrages exprimés choisit de reporter à plus tard la réponse à cette question. Cette issue préserve l'option de la réunification du Cameroun dans ses frontières de 1914.

L'ONU décide à la suite de ce référendum que la levée de sa tutelle sur le Cameroun sous administration du Royaume-Uni sera arrêtée dans le cadre d'un nouveau plébiscite qui proposera soit la réunification avec la République du Cameroun, soit avec la Fédération nigériane. Elle fixe par ailleurs la levée de la tutelle sur ce Territoire le 1er octobre 1961.

Le plébiscite envisagé est organisé par les Nations unies les 11 et 12 février 1961 dans les parties septentrionale et méridionale du Cameroun sous administration du Royaume-Uni. Ce sont les Résolutions[31] 1352 (XIV) et 1473 (XIV) de l'assemblée générale des Nations unies qui fixent ses principales modalités. Il s'agit de deux collèges électoraux distincts et de deux scrutins séparés. Les questions posées à chacun des collèges électoraux (Cameroun méridional et Cameroun septentrional) sont les suivantes :

> *Désirez-vous accéder à l'indépendance en vous unissant à la République camerounaise indépendante ?*

> *Désirez-vous accéder à l'indépendance en vous unissant à la Fédération nigériane indépendante ?*

La campagne référendaire offre à toute la classe politique camerounaise l'occasion d'une grande activité manœuvrière.

John Ngu Foncha (KNDP), le Premier ministre du Cameroun méridional milite pour la réunification avec le Cameroun indépendant. Emmanuel Endeley (*Cameroon Peoples National Congres* - CPNC), le leader de l'opposition parlementaire est favorable au rattachement du Cameroun méridional à la Fédération nigériane[32].

À l'issue des élections des 11 et 12 février 1961 la partie septentrionale du Cameroun anglophone choisit le rattachement à la Fédération nigériane à l'inverse de la partie méridionale qui vote pour la réunification avec le Cameroun francophone indépendant depuis le 1er janvier 1960 [33].

---

[31] Cf. Annexe 8.
[32] Le *Cameroon Peoples National Congres* – CPNC – est né de la fusion du *Kamerun National Congres* (KNC) et du *Kamerun People's Party* (KPP).
[33] Au Cameroun septentrional les votes favorables au rattachement à la fédération nigériane l'emportent à 146 296 voix contre 97 659 pour la réunification avec le Cameroun indépendant. Au Cameroun méridional, les votes pour la réunification l'emportent à 233 571 voix contre 97 741. Cf. Documents officiels de l'assemblée générale des Nations unies, XVe session, annexes, additif au point 13 de l'ordre du jour, document A/4727, New York, 1960-1961, pp. 53 et 90. Les résultats du plébiscite au Cameroun septentrional sont pour des raisons d'irrégularités électorales, officiellement contestés par le Cameroun indépendant qui porte le contentieux devant la Cour internationale de justice qui se déclare incompétente le 2 décembre 1963.

Le 21 avril 1961, l'Assemblée générale des Nations unies prend acte de ces résultats et arrête les décisions suivantes dans sa résolution 1608 (XV)[34] :

> [...]
>
> 4. *Décide que, les plébiscites ayant eu lieu séparément avec des résultats différents, l'Accord de tutelle du 13 décembre 1946 relatif au Cameroun sous administration du Royaume-Uni prendra fin, conformément à l'alinéa b de l'Article 76 de la Charte des Nations unies et en accord avec l'Autorité administrante dans les conditions suivantes :*
>
>   *a) En ce qui concerne le Cameroun septentrional, le 1er juin 1961, au moment où le Cameroun septentrional s'unira à la Fédération du Nigeria en tant que province séparée de la Région du Nord du Nigeria ;*
>
>   *b) En ce qui concerne le Cameroun méridional, le 1er octobre 1961, au moment où le Cameroun méridional s'unira à la République du Cameroun ;*
>
> 5. *Invite l'Autorité administrante, le Gouvernement du Cameroun méridional et la République du Cameroun à entamer d'urgence des pourparlers afin de prendre, avant le 1er octobre 1961, les dispositions nécessaires pour que soient mises en œuvre les politiques concertées et déclarées des parties intéressées.*

L'interprétation de ce dernier point suscite des controverses récurrentes. Dans la perspective de la levée de la tutelle des Nations unies, il invite le Royaume-Uni, le gouvernement du Cameroun méridional et la République du Cameroun à engager des négociations pour arrêter de façon concertée les termes de l'union décidée de façon démocratique par les électeurs du Cameroun méridional. Il ne donne aucune indication sur le lieu où doivent se tenir les pourparlers prescrits. Il ne précise pas leur forme ni leur objet.

Dans ces conditions, les dirigeants légitimes du gouvernement du Cameroun méridional et de la République du Cameroun ont librement ouvert un cycle de négociations qui s'est achevé par la Conférence de Foumban, et qui a abouti à l'institutionnalisation de l'union à travers la République fédérale du Cameroun.

---

[34] Cf. Annexe 8.

LE MONUMENT DE LA RÉUNIFICATION (YAOUNDÉ)

L'EXPRESSION INSTITUTIONNELLE DES DEUX HÉRITAGES

La levée de la tutelle des Nations unies sur le Territoire du Cameroun administré par le Royaume-Uni ouvre la voie à une négociation sur les modalités de l'union (réunification) entre les dirigeants de la République du Cameroun et ceux du Territoire du Cameroun méridional. Pour les deux parties, les expressions ou les modélisations institutionnelles de l'union doivent impérativement respecter les deux héritages sociopolitiques du pays.

À la Conférence de Foumban, l'unité dans le respect des héritages sociopolitiques respectifs est modélisée dans le cadre d'une République fédérale. Cette forme de l'État est le choix préférentiel des dirigeants du Cameroun anglophone. Elle sanctifie juridiquement les prérogatives et les devoirs des parties. À l'époque, les dirigeants du Cameroun anglophone sont des partenaires politiques indépendants en raison de leurs ressources électorales propres.

En contribuant pour des raisons opportunistes au démantèlement du pluralisme politique du début des années 1960, les dirigeants du Cameroun anglophone ont paradoxalement aidé les dirigeants du Cameroun francophone à faire prévaloir la forme unitaire de l'État qui est leur option préférentielle. C'est l'objet du référendum du mois de mai 1972 qui donne naissance à la République Unie du Cameroun. Cette forme unitaire de l'État, dans un contexte de parti unique, est considérée par les dirigeants du Cameroun francophone comme une expression institutionnelle plus aboutie de l'unité dans le respect des héritages sociopolitiques historiques. À l'inverse de la forme fédérale de l'État où le respect des héritages sociopolitiques est juridiquement sanctifié, il est discrétionnaire, c'est-à-dire en fait arbitraire au sein de l'État unitaire.

Une Fédération avec un pluralisme politique

Après les festivités de l'indépendance du Cameroun francophone, la réunion du Comité consultatif constitutionnel démarre le 15 janvier 1960. Le Comité est appelé à émettre un avis sur le projet de Constitution du nouvel État et le projet de loi électorale.

Dans son discours inaugural, le Premier ministre indique et justifie les choix retenus en matière constitutionnelle par son gouvernement :

> *Les voies que nous avons choisies n'ont pas la prétention de l'originalité. Nous nous sommes inspirés de précédents que vous n'aurez aucun mal à déceler. Ils nous ont semblé susceptibles d'apporter une solution aux problèmes qui nous étaient posés, sans qu'il nous ait échappé que cette solution n'était pas toujours parfaite. Nous avons pensé qu'un régime de type strictement parlementaire ne répondait que très difficilement aux impératifs d'un pays en voie de formation, puisqu'aussi bien les pays les plus avancés et les plus respectueux du parlementarisme ont été amenés au cours de ces dernières années, à lui apporter des corrections importantes.*
>
> *De même, un régime de type présidentiel pur, comme celui des États-Unis d'Amérique par exemple, s'il n'est pas assorti de fédéralisme, ne nous a pas semblé tenir suffisamment compte des diversités ethniques, religieuses et politiques, d'un pays dont toutes les tendances doivent pouvoir s'exprimer tant au niveau du législatif qu'au niveau de l'exécutif.*
>
> *C'est pourquoi, en définitive, la solution que nous vous proposons est à mi-chemin entre le régime parlementaire illustré par la troisième République et le régime présidentiel que nous connaissons aujourd'hui aux USA et dans de multiples Républiques sud-américaines ou moyen-orientales.*

À l'issue des travaux du Comité consultatif constitutionnel, le gouvernement du Premier ministre Ahmadou Ahidjo adopte un projet de Constitution qui est soumis à référendum le 21 février 1960. Ce texte constitutionnel consacre le présidentialisme au Cameroun francophone. Le régime du Premier ministre Ahmadou Ahidjo justifie ce choix par le souci de l'efficacité gouvernementale dans une conjoncture politique troublée par des actes de terrorisme caractérisé. Un régime de type présidentiel est à leur esprit un gage de stabilité et d'efficacité gouvernementale.

À l'issue du scrutin référendaire qui se tient le 21 février 1960, le texte constitutionnel est adopté à une majorité de 60 % des suffrages exprimés. Il est promulgué le 4 mars 1960.

Peu de temps après les travaux du Comité consultatif constitutionnel, puis l'adoption et la promulgation de la Constitution de la République du Cameroun, la perspective de l'institutionnalisation de la réunification avec le Cameroun anglophone sollicite de nouveau les dirigeants de la République du Cameroun pour une réflexion constitutionnelle. Il est question de réfléchir sur la Constitution qu'il faudra de nouveau rédiger et adopter si les plébiscites prévus au mois de février 1961 débouchent sur la réunification.

Dans la réflexion constitutionnelle qui s'engage au 2e semestre de l'année 1960, essentiellement avec les dirigeants du Territoire du Cameroun méridional, le principe de la création d'une Fédération est vite acquis. Il est aussi vite acquis que la rédaction effective d'une Constitution ne peut être engagée qu'une fois connus les résultats des plébiscites à venir, et en particulier ceux du Cameroun septentrional. La réflexion engagée porte sur les grandes lignes que pourrait revêtir une Constitution fédérale commune en particulier à la République du Cameroun et au Territoire du Cameroun méridional.

Le 17 octobre 1960, le président Ahmadou Ahidjo et le Premier ministre John Ngu Foncha publient un communiqué dans lequel ils esquissent en 5 points leurs recommandations pour la rédaction d'une Constitution de la « République Fédérale du Cameroun Uni » dans l'hypothèse où les plébiscites de février 1961 seraient favorables :

1. *les entités unifiées du Cameroun constitueraient un État fédéral souverain qui ne ferait partie ni du Commonwealth britannique, ni de la Communauté française ;*

2. *la réunification sur une base fédérale se ferait aux conditions diverses de toutes les sections du Cameroun, étant entendu que l'unification est nécessairement un processus graduel ;*

3. *la fédération serait démocratique et les libertés de croyance, d'expression, de la presse, des mouvements politiques seraient garanties pour autant que ces droits soient exercés conformément aux lois de la fédération ;*

4. *la fédération aurait une devise, un hymne et un drapeau ;*

5. *tous les habitants de tous les États seraient citoyens de l'État fédéral.*

Le 6 décembre 1960, le président Ahmadou Ahidjo et le Premier ministre John Ngu Foncha publient un second communiqué qui précise, toujours dans l'hypothèse d'un résultat favorable à la réunification, les modalités pratiques de l'institutionnalisation de la réunification :

> *Un vote en faveur de l'indépendance obtenu par l'union avec la République signifierait que le Cameroun méridional et la République du Cameroun s'uniraient pour former une République fédérale du Cameroun uni, et ce à une date prochaine qui serait fixée par les Nations unies, après consultation avec le gouvernement du Cameroun méridional, de la République du Cameroun et du Royaume-Uni, ce dernier en qualité d'Autorité administrante.*
>
> *Les dispositions nécessaires seraient élaborées après le plébiscite par une Conférence consistant en délégations représentant, sur un pied d'égalité, la République du Cameroun et le Cameroun méridional. Les Nations unies et le Royaume-Uni seraient aussi associés aux travaux de cette conférence. Durant la courte période intérimaire de mise au point des dispositions de transfert, le Royaume-Uni devrait bien entendu être prêt à continuer d'assurer les responsabilités qui lui incombent aux termes de l'Accord de tutelle.*

À partir de cette date, la réflexion constitutionnelle s'approfondit à Yaoundé. Elle est relative à la définition des institutions d'une Fédération dénommée « République du Cameroun Uni. » Il n'est plus question de convoquer à cet effet un nouveau Comité consultatif constitutionnel. La réflexion est menée par les responsables politiques du pouvoir en place. Elle débouche sur la rédaction de l'Avant-Projet de Constitution fédérale proposée par la République du Cameroun aux dirigeants du Territoire du Cameroun méridional lors de la Conférence commune qui se tient à Foumban du 17 au 21 juillet 1961 conformément à la recommandation de la résolution 1608 (XV)[1].

La Conférence constitutionnelle de Foumban

Pour la partie francophone, il ne s'agit pas d'un processus de fondation constitutionnelle et étatique. Plus tard, lors de la ratification du texte définitif devant l'Assemblée nationale de la République du Cameroun, cette approche sera clarifiée dans le propos de présentation du président Ahmadou Ahidjo[2] :

> *[…] Ce texte vous est proposé sous forme de révision de notre actuelle Constitution.*
>
> *En effet, conformément à la résolution de l'ONU, le Cameroun réunifié n'apparaît pas en droit international comme un nouvel État souverain et, juridiquement, la réunification n'est analysée que comme une modification de frontière. […]*

---

[1] Cf. Annexe 8.
[2] Extrait du discours du président Ahmadou Ahidjo le 11 août 1961 devant l'Assemblée nationale de la République du Cameroun.

Il s'agit donc à Foumban d'adapter les institutions de la République du Cameroun à ses nouvelles configurations démographique et géographique du fait de l'intégration en son sein du Territoire du Cameroun méridional. Il est donc acquis que la réunification induit une révision de la Constitution du Cameroun indépendant, et non l'adoption *ex nihilo* d'une nouvelle Constitution. Cette interprétation est partagée par la partie anglophone conduite par le Premier ministre John Ngu Foncha.

À Foumban, la délégation complète de la République du Cameroun (Cameroun francophone) est composée de 18 officiels : Ahmadou Ahidjo, président de la République du Cameroun ; Charles Assalé, Premier ministre de la République du Cameroun ; Njoya Arouna, ministre d'État chargé de l'Inté-rieur ; Mohaman Lamine, Garde des Sceaux, ministre de la Justice ; Charles Okala, ministre des Affaires étrangères ; Yadji Abdoulaye, ministre de l'Éle-vage ; Josué Tétang, secrétaire d'État à l'Information ; Joseph Owono, ambas-sadeur du Cameroun ; Christian Kuoh Tobie, secrétaire général de la présiden-ce de la République ; Jean Faustin Bétayéné, secrétaire du ministre des Affai-res étrangères ; Kamé Samuel, inspecteur des Affaires administratives ; Rostand Mvié, directeur Europe-Afrique du ministère des Affaires étrangè-res ; Ngando Black, directeur Amérique-Asie-Nations unies au ministère des Affaires étrangères ; Zang Atangana Marie Joseph, directeur de Cabinet du ministre d'État chargé de l'Intérieur ; Gabriel Happi Tina, chef du Service du protocole ; Manfred Edimo Epoh, chargé de Mission de la République du Cameroun à Buea ; Wadjiri, chef adjoint du Cabinet du président de la République ; Daniel Mvondo, attaché du Cabinet du Premier ministre.

La délégation complète du Territoire du Cameroun méridional (Cameroun anglophone) est aussi composée de 18 officiels : John Ngu Foncha, Premier ministre du Cameroun Méridional ; Augustine Ngom Jua, ministre des Servi-ces sociaux ; Solomon Tandeng Muna, ministre du Commerce et de l'Indus-trie ; Peter Kemcha, ministre des Ressources naturelles ; Sam Mofor ; Fonlon Bernard ; Dickson ; 6 représentants du KNDP (Honorables Mbinkar, Fontem, Tamfu, Kini, Kome, Lifio Carr) ; 4 représentants du CPNC (Emmanuel Ende-ley, Neruis Mbile, Motomby Woleta, Ando She) ; 2 représentants du OK (Ndeh Ntumazah, Albert Mukong). 9 chefs traditionnels accompagnent cette délégation (Bafut, Bali, Mankon, Nswa, Kimobongsi, Buh, Oben, Ebanja). Avant d'arriver à Foumban, les responsables politiques du Cameroun méridio-nal se sont réunis du 26 au 28 juin 1961 à Buea pour harmoniser leurs positions constitutionnelles.

Les deux délégations arrivent à Foumban le dimanche 16 juillet 1961 en fin de matinée. Le président Ahmadou Ahidjo et sa suite arrivent à l'aéroport de

Koutaba vers 11 heures. Le Premier ministre John Ngu Foncha et sa suite arrivent à Koutaba une heure plus tard.

Le surlendemain mardi 18 juillet 1961 à 10 heures, c'est la séance d'ouverture de la conférence. Le président Ahmadou Ahidjo fixe l'objet de la Conférence dans son discours d'ouverture :

> *[...] Messieurs,*
>
> *Le principal objet de notre réunion d'aujourd'hui est d'étudier ensemble les grandes lignes de notre future Constitution.*
>
> *Vous savez que dès avant le référendum et depuis, lors de nos entretiens avec Monsieur Foncha nous avions choisi pour notre futur État, le cadre fédéral.*
>
> *Pourquoi cette formule ?*
>
> *Parce que les disparités linguistiques, administratives et économiques ne nous permettent pas d'envisager sérieusement et raisonnablement un État unitaire et centralisé ; parce que, par contre, un système confédéral trop lâche ne favoriserait pas le rapprochement et l'union que nous souhaitons.*
>
> *Les structures fédérales sont donc les seules qui puissent convenir aux particularités de notre situation car, je tiens à le souligner énergiquement, il ne s'agit pas pour nous de construire dans l'absolu un État idéal coupé de ses racines, mais de préparer une Constitution. Il s'agit de voir les réalités en face, sans nous dissimuler ce qui, au-delà de l'accord des cœurs, nous sépare dans la vie quotidienne...*
>
> *Nous sommes ici aujourd'hui pour opérer ce choix et je ne doute pas que nous le ferons en vue de l'intérêt général bien compris de la patrie. [...]*

Les travaux à huis clos entre les experts des deux délégations démarrent dans l'après-midi à l'École nationale des instituteurs adjoints (ENIA). Prévus initialement jusqu'au mercredi 19 juillet, les travaux se prolongent jusqu'au vendredi 21 juillet 1961. Au terme de ces négociations les deux délégations tombent d'accord sur un texte. Dans son discours de clôture de la Conférence, le président Ahmadou Ahidjo évoque les principaux amendements apportés à l'Avant-Projet de Constitution proposé par la République du Cameroun :

> *[...] Les principaux amendements que vous avez souhaités voir apporter à cet Avant-Projet peuvent être classés en deux catégories : il y en a qui concernent des questions de détail sur lesquelles je ne crois pas devoir insister et d'autres, des questions de fond.*

En ce qui concerne ces derniers, la délégation de la République du Cameroun se rallie à la plupart de vos avis :

1. *elle est d'accord pour qu'un article de la Constitution indique notre adhésion à la Charte des Nations unies et à la Déclaration universelle des droits de l'homme, elle estime cette référence largement suffisante ;*

2. *pour éviter une certaine confusion qui pourrait résulter du vocable indivisible, nous admettons sa suppression pure et simple, cependant, une clause garantissant l'intégrité de la fédération et excluant la sécession sera portée dans la Constitution ;*

3. *en ce qui concerne la nationalité, nous pensons que la République fédérale ne peut donner qu'une seule nationalité à ses ressortissants et que dans ces conditions, les ressortissants des États fédérés sont citoyens de la République fédérale, et possèdent la nationalité camerounaise ;*

4. *dans la pratique constitutionnelle, une loi fédérale règle les conditions d'exercice du vote, l'organisation des élections et tout ce qui s'y rapporte, la Délégation de la République du Cameroun fait siennes la plupart des observations qui ont été formulées à ce sujet et se propose, le moment venu, dans le cadre fédéral, d'en tenir le plus grand compte ;*

5. *le système bicaméral dans une fédération est sans doute classique ; notre délégation estime cependant qu'il y a lieu dans l'immédiat, ceci en fonction des ressources dont nous disposons, d'alléger autant que possible notre appareil parlementaire, dans le souci d'une plus grande efficacité ;*

6. *la délégation de la République du Cameroun se rallie à la proposition du Cameroun méridional tendant à faire élire le président de la République fédérale et le vice-président au suffrage universel des adultes après la période transitoire, l'un et l'autre ne devant pas être ressortissants d'un même État.*

Pour ce qui est de la période transitoire, nous sommes d'accord avec la délégation du Cameroun méridional pour :

    a. que le président de la République du Cameroun soit, durant son mandant actuel, président de la République fédérale ;

    b. que le Premier ministre du Cameroun méridional exerce les fonctions de Vice-président.

> 7. *L'exercice des compétences gouvernementales fédérales devant revenir, à partir du 1ᵉʳ octobre, au président de la République, celui-ci nommera des ministres fédéraux, ressortissants des deux États.*
>
> *La délégation de la République du Cameroun propose l'élection par les assemblées locales d'une Assemblée fédérale provisoire. Les membres de l'Assemblée législative fédérale définitive pourraient être élus au suffrage universel à partir d'avril 1963 comme vous le proposez.*
>
> *La délégation de la République du Cameroun est d'accord pour que le Cameroun méridional conserve une Assemblée des chefs et ne voit pas d'inconvénient à ce que cette précision soit portée dans le corps de la Constitution. Elle est également d'accord pour que le nombre des députés, à l'Assemblée législative de ce territoire soit porté à trente-sept.*
>
> *Notre délégation accepte l'amendement proposé au début de l'article 45 en ce qui concerne la transmission des lois votées par le Parlement au président de la République fédérale.*
>
> *Tels sont, Messieurs, les points sur lesquels il m'a paru nécessaire d'apporter des précisions, étant bien entendu que les questions de détail, ainsi que je l'ai dit, seront revues au moment de la mise en forme définitive. [...]*

La proposition de la délégation du Cameroun anglophone relative au droit de sécession d'un État de la Fédération inquiète la délégation du Cameroun francophone malgré la solution retenue en définitive d'introduire une clause constitutionnelle excluant cette éventualité. Il en est de même pour la proposition relative à une double nationalité (nationalité pour l'État fédéral, nationalité pour l'État fédéré). Pour les francophones, la nation camerounaise est un rassemblement de citoyens et non une association de communautés, qu'elles soient tribales ou étatiques. Ils considèrent que l'œuvre de construction nationale qu'ils se sont assignés peut être entravée par une entité fédérée autonomiste et non coopérative.

Malgré toutes ces appréhensions, les amendements recommandés par la délégation du Cameroun anglophone sont pris en compte dans le texte définitif soumis à ratification à l'Assemblée nationale de la République du Cameroun.

L'Article premier de la Constitution du 1ᵉʳ septembre 1961 précise, comme le souhaitait la délégation du Cameroun anglophone, que la République fédérale du Cameroun *affirme son attachement aux libertés fondamentales inscrites dans la Déclaration universelle des Droits de l'homme et à la Charte des Nations unies.*

La mention « République indivisible » ne figure pas dans le texte et l'alinéa 1 de l'Article 47 dispose que « *Toute proposition de révision de la présente Constitution portant atteinte à l'unité et à l'intégrité territoriale de la Fédération est irrecevable.* »

Comme convenu, il est rappelé au dernier alinéa de l'Article premier que « *Les ressortissants des États fédérés sont citoyens de la République fédérale et possèdent la nationalité camerounaise.* »

L'alinéa 1 de l'Article 9 du texte répond à l'une des recommandations de la délégation du Cameroun anglophone. Il dispose que « *Le président de la République fédérale et le vice-président, qui ne peuvent être originaire d'un même État fédéré, sont élus sur une même liste au suffrage universel direct et secret.* »

En réponse à une autre préoccupation de la délégation du Cameroun anglophone, l'alinéa 1 de l'Article 11 de la Constitution prévoit que « *Le président de la République fédérale nomme les ministres et les ministres-adjoints qu'il choisit parmi les ressortissants de chacun des États fédérés* ». De même, l'alinéa 2 de l'Article 38 indique que « *L'Assemblée des chefs traditionnels du Cameroun méridional est maintenue* », et l'alinéa 4 de l'Article 40 fixe comme convenu le nombre de députés de l'Assemblée législative du Cameroun anglophone à 37.

Enfin, plusieurs dispositions des Titres V et IX de la Constitution règlent le sujet de la transmission des lois votées par le Parlement au président de la République fédérale dans le sens souhaité par la délégation du Cameroun anglophone.

Le Texte constitutionnel ainsi amendé est ratifié par voie parlementaire le 14 août 1961 dans le cadre d'une session extraordinaire de l'Assemblée nationale de la République du Cameroun convoquée à cet effet. Elle est votée par tous les députés de l'Union camerounaise (UC) et du Parti des démocrates (DC). Les députés de l'UPC parlementaire s'abstiennent.

La même procédure de ratification n'est pas engagée par la Chambre des élus du Cameroun anglophone. La Constitution révisée et promulguée le 1er septembre 1961 a donc été ratifiée uniquement par les députés de la République du Cameroun et promulguée par le président la République du Cameroun[3]. Les dispositions de cette nouvelle Constitution renforcent considérablement

---

[3] « Loi n° 61-24 du 1er septembre 1961 » Cf. Guiffo Mopo Jean-Philippe, *Constitutions du Cameroun, Documents politiques et diplomatiques*, Stella, 1977, p. 90.

les pouvoirs de l'exécutif fédéral aux dépens des gouvernements des deux États fédérés (Cameroun oriental (francophone) et Cameroun occidental (anglophone)) dont les compétences deviennent résiduelles et marginales.

La République fédérale du Cameroun

À l'échelon fédéral, l'autorité politique est exercée par le président de la République fédérale et l'Assemblée nationale fédérale (Art. 4), tous les deux élus au suffrage universel direct pour un mandat quinquennal (Art. 10 et Art. 16). Le président de la République fédérale est chef de l'État fédéral, chef du gouvernement fédéral et chef des Forces armées (Art. 8 et Art. 12). Il est le garant de l'indépendance de l'autorité judiciaire (Art. 32). Il est assisté dans sa mission par un vice-président ressortissant d'un État fédéré différent du sien (Art. 8 et Art. 9).

L'absence de chambre de représentation des États fédérés au sein du Parlement fédéral – absence du Sénat – prive en particulier l'État fédéré du Cameroun occidental de la possibilité d'user d'un droit de veto pour contrebalancer la supériorité numérique de l'État fédéré du Cameroun oriental en cas de litige sur des sujets de souveraineté nationale ou étatique. Dans son discours du 11 août 1961 devant l'Assemblée nationale de la République du Cameroun, le président Ahmadou Ahidjo justifie ainsi l'absence du Sénat au sein du Parlement fédéral :

> *Le double jeu d'un système de seconde lecture et d'une majorité qualifiée interdira pratiquement aux représentants d'une fraction du territoire d'imposer seuls leur volonté. Ici réside l'essence du régime fédéral qui, dans de nombreux pays, est concrétisé par l'existence d'un Sénat représentant de la volonté des États pris en tant que tels et dont l'accord est obligatoire pour que toute mesure législative puisse être effective.*
>
> *Nous avons pensé que dans le cas particulier du Cameroun, un Sénat représentant seulement deux États ferait double emploi avec l'assemblée populaire, s'il était possible de faire respecter par d'autres méthodes la liberté de chacun des deux États. Le système proposé à l'article 18 semble donner toutes les garanties d'efficacité et a rencontré l'agrément de nos partenaires du Cameroun méridional.*

Ces considérations sont effectivement formalisées dans les Articles 18 et 47 de la loi n° 61-24 du 1er septembre 1961.

Sur le plan judiciaire, c'est la Cour fédérale de justice, largement assujettie au président de la République fédérale, qui statue sur les litiges importants qui opposent les États fédérés entre eux, ou l'un d'eux à la République fédéral

(Art. 33). Dans chaque État fédéré, une Cour suprême coiffe l'ordre judiciaire interne.

Pour faciliter la mise en place des nouvelles institutions, des dispositions transitoires sont inscrites dans le Titre XI de la loi n° 61-24 du 1er septembre 1961. Ces dispositions constitutionnelles transitoires offrent l'opportunité à Ahmadou Ahidjo de conforter de *facto* ses prérogatives présidentielles. Ahmadou Ahidjo est promu sans élection président de la République fédérale jusqu'à la fin de son mandat présidentiel en cours (Art. 52). John Ngu Foncha, Premier ministre du Cameroun méridional, est promu pour la même durée vice-président de la République, cumulativement avec ses fonctions de Premier ministre du Cameroun occidental (Art. 53). Ahmadou Ahidjo obtient, comme au mois d'octobre 1959, les pleins pouvoirs sur une période de six mois pour mettre en place les nouvelles institutions (Art. 51)[4]. Contrairement aux débats passionnés de la session parlementaire du mois d'octobre 1959, l'attribution des pleins pouvoirs au président Ahmadou Ahidjo n'émeut pas les députés qui adoptent la révision constitutionnelle. L'Assemblée nationale fédérale est « *jusqu'au 1er avril 1964, composée de députés désignés en leur sein par les Assemblées législatives des États fédérés proportionnellement au nombre d'habitants de chaque État, à raison d'un député pour 80 000 habitants* » (Art. 55). En se référant aux statistiques des Nations unies, et en l'absence de recensement, la répartition de la population camerounaise est constitutionnellement fixée à 3 200 000 habitants pour le Cameroun oriental, et 800 000 habitants pour le Cameroun occidental (Art. 61).

Le 1er octobre 1961, date fixée par les Nations unies pour la levée de la tutelle, c'est la réunification officielle du Cameroun. La Constitution du 1er septembre 1961 rentre en vigueur. La République fédérale du Cameroun est née. Elle est officiellement bilingue anglais/français. Elle comporte l'État fédéré du Cameroun oriental qui est francophone – ex-République du Cameroun (Cameroun indépendant le 1er janvier 1960) – et l'État fédéré du Cameroun occiden-tal qui est anglophone (ex-Territoire du Cameroun méridional administré par le Royaume-Uni au nom des Nations unies). Le 20 octobre 1961, le premier gouvernement de la République fédérale du Cameroun est connu[5]. C'est une coalition politique UC-KNDP qui est conduite par le

---

[4] « À titre exceptionnel, pendant une durée de six mois à compter du 1er octobre 1961, les textes législatifs nécessaires à la mise en place des institutions et, jusqu'à cette mise en place, au fonctionnement des pouvoirs publics et à la vie de l'État fédéral, seront pris par le président de la République fédérale sous forme d'ordonnance ayant force de loi » Art. 51, loi n° 61-24 du 1er septembre 1961.

[5] Décret n° 61-DF-13 du 20 octobre 1961 : Arouna Njoya, ministre d'État Garde des sceaux ; Charles Onana Awana, ministre délégué à la présidence chargé de l'Administration territoriale fédérale, des Finances et du Plan ; Jean Faustin Bétayéné, minis-

président Ahmadou Ahidjo. À la même date, un décret réorganisant le territoire national en 6 régions administratives dirigées chacune par un inspecteur fédéral nommé par le président de la République est publié[6]. L'État du Cameroun oriental est divisé en 5 régions (Centre-sud, Est, Littoral, Ouest, Nord). Celui du Cameroun occidental constitue une région. Ces régions sont subdivisées en départe-ments dirigés par des préfets nommés par le président de la République. Dans la région du Cameroun anglophone, les préfets remplacent les anciens « *Senior district officers* ». À la différence des inspecteurs fédéraux d'admi-nistration, qui représentent exclusivement l'exécutif fédéral, les préfets repré-sentent aussi bien les autorités de l'État fédéral que celles des États fédérés. Les départements sont constitués d'arrondissements dirigés par des sous-préfets également nommés par le président de la République.

S'agissant de la formation de l'Assemblée nationale fédérale, l'Assemblée législative du Cameroun oriental, qui est le nouveau nom de baptême de l'assemblée des députés élus le 10 avril 1960 après l'indépendance, est en mesure d'élire en son sein, ses 40 députés fédéraux. Dans le Territoire du Cameroun méridional, dénommé Cameroun occidental depuis le 1er octobre 1961, la levée de la tutelle appelle une consultation législative qui se déroule le 30 décembre 1961. Le KNDP de John Ngu Foncha remporte cette élection législative avec 55 % des suffrages exprimés et 25 sièges de représentants[7]. Le CPNC d'Emmanuel Endeley recueille 27 % des suffrages exprimés et 10 sièges de représentants. Deux représentants indépendants sont par ailleurs élus à l'Assemblée législative du Cameroun occidental. Le KNDP étant majoritaire au sein de la nouvelle Assemblée législative du Cameroun occidental, son leader, John Ngu Foncha, est reconduit dans les fonctions de Premier ministre qu'il occupait depuis la victoire électorale du KNDP aux législatives du mois de janvier 1959. À ce titre, et conformément aux dispositions de l'Article 53 (Titre XI Dispositions transitoires et spéciales), John Ngu Foncha est aussi le vice-président de la République fédérale du Cameroun pour la durée restante du mandat présidentiel en cours d'Ahmadou Ahidjo. Les deux Assemblées

---

tre des Affaires étrangères ; Victor Kanga, ministre de l'Économie ; Solomon Tandeng Muna, ministre des Travaux publics, des Mines et des PTT ; Sadou Daoudou, ministre des Forces armées ; William Aurélien Eteki Mboumoua, ministre de l'Éducation nationale ; Simon Pierre Tchoungui, ministre de la Santé publique ; Eugène Wonyu, ministre auxiliaire de l'Information et du Tourisme ; Jean Akassou Djamba, ministre sans portefeuille ; Emmanuel Egbe Tabi, ministre auxiliaire Gardes des sceaux ; Augustine Ngom Jua, ministre auxiliaire à la Santé publique ; Ekhah Nghaki Nzo, ministre auxiliaire aux Affaires étrangères.
[66] Décret n° 61/DF/15 du 20 octobre 1961.
[7] Les députés de l'Assemblée du Cameroun occidental sont dénommés représentants.

législatives des États fédérés sont ainsi pourvues au mois de Janvier 1962. L'Assemblée nationale fédérale peut donc être constituée.

Le 3 avril 1962, l'Assemblée législative du Cameroun oriental est convoquée en session extraordinaire pour élire ses 40 députés fédéraux en application des dispositions de l'article 55 de la loi portant révision constitutionnelle[8]. Au terme de la procédure de vote, qui se déroule au scrutin de liste majoritaire à un tour[9], les 40 députés fédéraux du Cameroun oriental sont tous issus des rangs de l'UC du président Ahmadou Ahidjo[10]. De même, les dix députés fédéraux désignés le 4 avril 1962 par l'Assemblée législative de l'État fédéré du Cameroun occidental avec le même mode de scrutin sont tous issus du KNDP du vice-président John Ngu Foncha[11]. Il n'y a pas d'opposition parlementaire au sein de l'Assemblée fédérale comme c'est le cas au sein des Assemblées législatives des États fédérés. Cette configuration parlementaire inattendue est l'une des premières manifestations paradoxales de l'institutionnalisation de la réunification qui s'avère destructrice, et non créatrice de pluralisme politique.

La réunification promeut ainsi au niveau national, une alliance politique asymétrique entre l'UC (parti dominant au Cameroun francophone et majoritaire au sein de la coalition) et le KNDP (parti dominant au Cameroun anglophone et minoritaire au sein de la coalition). C'est une alliance opportuniste à visées hégémoniques. Pour l'UC, cette alliance est au service de la promotion de son projet de « grand parti national unifié ». Pour le KNDP, il s'agit avec cette alliance de pérenniser sa position dominante au niveau local anglophone. Le *deal* permet effectivement à chaque membre de l'alliance d'atteindre

---

[8] Nord (14 députés fédéraux), Centre-sud (10), Ouest (8), littoral (5), Est (3).
[9] Le régime de l'élection des députés fédéraux est prescrit par l'Ordonnance n° 62-D-14 du 12 mars 1962. La liste des candidats investis par l'UC est une liste unique. Aucune liste concurrente ne se présente. La liste UC est élue avec 77 suffrages exprimés.
[10] Moussa Yaya, Charles Assale, Arouna Njoya, Oumarou Babalé, Abdoulaye Yadji, Djafarou Nana, Abraham Tagne, Jean Akassou Djamba, Yero Mala, Tchipoum Boukar, Julienne Keutcha, Mohaman Lamine, Sadou Daoudou, Marcel Marigoh Mboua, Oumarou Sanda, Ousmanou Mohamadou, Gaston Medou, Garba Gueime, Hans Dissaké, Louis Kemayou Happi, Golopo Daïcro, Alphonse Ndounokong, Victor Kanga, Henri Richard Manga Mado, Gallus Fouda, Jean Ekwabi Ewane, Thaddée Nya Nana, Henri Effa, Josué Tétang, Seïdou Njoya, Ahmadou Abdoulaye, Jean-Baptiste Mabaya, Bouba Dello, Jean-Calvin Metindi, Bernard Kakiang Wappi, Atangana Gabriel, Diamaré Boubakary, Max Batonga, Paul Onana Shé, Sébastien Ndeffo. Cf. Abel Eyinga, *op. cit.*
[11] Abendoung Zakaria, Ekhah Nghaky Nzo, Fusi Martin, Lifio Carr, Mofor Sam, Solomon Tandeng Muna, Nji Simon, Nsamé John, Ncha Enow Simon, Sona Eyumbi John. Cf. PV ANF 1962, séance du 24 avril 1962.

globalement son objectif. Mais ce *deal* préfigure à la fois la subordination politique des dirigeants du Cameroun anglophone et l'effacement institutionnel de l'héritage sociopolitique qu'ils portent.

Une Fédération sans pluralisme politique

Le 11 novembre 1961, un mois et dix jours après la réunification, le président Ahmadou Ahidjo lance un appel à la constitution d'un « grand parti national unifié ». Pour lui, ce n'est pas l'expression d'une préférence idéologique pour le parti unique. Il conçoit le système de gouvernance avec parti unique comme une nécessité pragmatique et transitoire au service de l'intégration nationale et du développement économique et social. Mais cette position l'expose aux critiques qui se placent sur le terrain de l'éthique démocratique. Nombreux sont ceux qui soutiennent au début des années 1960, que la quête d'intégration nationale est, par intérêt et commodité, travestie par les pouvoirs en place à des fins de promotion du parti unique. Quoi qu'il en soit, à la suite de cet appel, Ahmadou Ahidjo invite les partis politiques à dialoguer pour parvenir à cet objectif[12] :

> *Je dis tout de suite qu'il est souhaitable qu'au Cameroun il y ait un grand parti unifié. En tout cas, moi, je le souhaite personnellement après une entente entre les différents partis qui existent. Un grand parti national unifié au sein duquel entreraient librement, après être convaincus, les Camerounais. Un parti au sein duquel existe une démocratie, la liberté d'expression, la liberté de discussion ; un parti au sein duquel peuvent exister plusieurs tendances, étant entendu que la minorité se rallie aux avis de la majorité.*
>
> *[...] Je souhaite que, volontairement, les Camerounais, les partis politiques camerounais, les associations camerounaises, confrontent leurs points de vue, se mettent d'accord sur un programme minimum qui peut trouver l'agrément de tous, car ce programme ne peut être que le développement social et économique des Camerounais.*

Cet appel intervient après celui qu'il a lancé au 3ᵉ congrès de l'UC à Maroua au mois de septembre 1960. Après Maroua, les partis gouvernementaux de la République du Cameroun adhèrent à l'UC et portent à 76 l'effectif de ses députés à l'Assemblée nationale au mois d'avril 1961. Les 19 députés du Front pour l'unité et la paix (FPUP) et 6 députés du MANC rejoignent en effet les 51 députés de l'UC. L'UPC de Théodore Mayi Matip, les Démocrates camerounais d'André Marie Mbida, le PSC de Charles Okala, et les non-inscrits

---

[12] Conférence de Presse, 11 novembre 1961. ACAP n° 259, 12 et 13 novembre 1961.

forment alors l'opposition parlementaire[13]. Celle-ci décline logiquement l'offre présidentielle pour ne pas se faire *hara-kiri*, et pour constituer un rempart à la dérive autoritaire du pouvoir en place. Par contre, tous les partis du Cameroun anglophone répondent favorablement à l'appel à la constitution d'un « grand parti national unifié »

Une alliance partisane opportuniste

Le 27 avril 1962, le président Ahmadou Ahidjo publie un Communiqué conjoint avec le vice-président John Ngu Foncha dans lequel ils annoncent la formation à l'Assemblée nationale fédérale d'un « Groupe d'unité nationale » et la constitution d'un Comité de coordination UC-KNDP. Le Communiqué est assorti d'un nouvel appel à l'unité adressé aux autres partis politiques et à l'ensemble des Camerounais[14].

Le groupe parlementaire dit « d'unité nationale » rassemble les 50 nouveaux députés de l'Assemblée nationale fédérale (40 députés UC, 10 députés KNDP). Ainsi au niveau fédéral, la coalition gouvernementale UC-KNDP est soutenue par la totalité des députés fédéraux constitués en un groupe parlementaire unique UC-KNDP. Sur le plan institutionnel, l'unité est acquise au niveau fédéral. Pour ce qui est du multipartisme, le Comité de coordination UC-KNDP a vocation à travailler à sa suppression. L'ordonnancement retenu comporte une première étape au sein de chaque État fédéré, et une deuxième au niveau de l'État fédéral. Il s'agit en fait de constituer le « grand parti national unifié » en réalisant au préalable le parti unique dans chaque État fédéré. L'UC a en charge le projet de parti unique au Cameroun francophone. Le KNDP a le même projet au Cameroun anglophone. Les modes opératoires sont laissés à la discrétion de chacune des parties prenantes à l'accord.

Pour le président Ahmadou Ahidjo, l'instauration du parti unique au Cameroun francophone doit se faire par le sabordage des autres partis et l'adhésion de leurs membres et de leurs dirigeants à l'UC. Après l'appel conjoint UC-KNDP du 27 avril 1962, un communiqué du bureau élargi de l'UC en date du 17 mai 1962 clarifie cette option[15] :

---

[13] Trois députés de l'opposition manquent à l'appel à cette date pour cause d'invalidation de leur mandat : Élie Ngué, député UPC de Kribi ; Simon Owono Mimbo, député UPC de Sangmélima ; Élie Tchoungui Zibi, ancien ministre, député DC de Yaoundé.

[14] « Solennel appel à tous les partis et de façon permanente à tous les Camerounais afin qu'ils se joignent à eux dans l'œuvre de la construction et du renouveau national. », Cf. J-F Bayart, 1984.

[15] Cf. Abel Eyinga, *Cameroun 1960-1990 : la fin des élections*, L'Harmattan, 1990, p. 88.

> *L'UC est prête à accueillir, comme elle le fait déjà, tout individu, toute personnalité ou tout parti qui estime comme elle, que le moment est venu de rassembler toutes les forces du pays pour l'édification de notre Patrie, et montrer ainsi à la face du monde qu'après les divergences de vues qui nous ont si souvent divisés, nous savons tirer la force de l'union.*

Avec la configuration de l'échiquier partisan et l'état des rapports de forces politiques au Cameroun francophone à la fin du mois d'avril 1962, le mode opératoire de l'UC est envisageable de gré ou de force. L'opposition politique y est en effet émiettée et divisée. La multiplicité de leaders au sein de l'opposition est aussi un facteur d'affaiblissement face au pouvoir de l'UC. À l'Assemblée législative, la majorité de l'UC est écrasante depuis la fin de l'année 1961 (82 députés sur 100)[16].

Au Cameroun anglophone, la configuration politique est différente. L'opposition politique est représentée par un seul parti, le CPNC. Le Premier ministre, John Ngu Foncha, fait face à Emmanuel Endeley qui est le leader incontesté de l'opposition. La majorité du KNDP à l'Assemblée législative n'est pas écrasante (25 députés sur 37). La réalisation du parti unique dans ce contexte n'est raisonnablement envisageable qu'à travers la négociation. À la différence de l'opposition parlementaire au Cameroun francophone, le CPNC est en effet favorable, par opportunisme, au projet UC-KNDP du « grand parti national unifié ». Une fusion préalable KNDP-CPNC dans ce contexte serait politiquement profitable pour les anglophones dans la perspective du projet de « grand parti national unifié ». Emmanuel Endeley le suggère le 28 mai 1962 dans une lettre ouverte adressée au leader du KNDP[17] :

---

[16] Après les élections législatives du 10 avril 1960, les députés Élie Ngué Ngué (UPC), Élie Tchoungui Zibi (DC) et Simon Owono Mimbo (UPC) ont perdu leur mandat. Celui de Élie Ngué Ngué, député UPC de Kribi est invalidé par l'assemblée nationale qui le déclare mal élu. Élie Tchoungui Zibi, député DC de Yaoundé est condamné, le 6 mars 1961, à trois mois de prison avec sursis pour motifs politiques et perd de suite son mandat parlementaire. Simon Owono Mimbo, député UPC de Sangmélima, est condamné en avril 1961 à la détention à vie pour complot et atteinte à la sûreté de l'État et perd son mandat de député. À la faveur des élections partielles provoquées par ces vacances, Paul She Onana, candidat UC est élu député à Kribi le 11 juin 1961 ; Gallus Fouda Meyong, candidat UC, est élu député à Yaoundé (Djoungolo) le 24 décembre 1961 ; Gaston Medou, candidat UC, est élu député à Sangmélima le 24 décembre 1961. Le 8 janvier 1961, Yadji Abdoulaye est élu sans concurrent dans circonscription de la Bénoué.

[17] Cf. W. R. Johnson, *The Cameroon Federation*, Princeton University Press, 1970, p. 264.

> *[...] It might have been possible to effect an agreement between our parties of the same nature as you have now done with the Union camerounaise and so prepare the way for the future all-country union [...]*

C'est une solution qui permettrait à Emmanuel Endeley de reprendre pied au niveau fédéral. John Ngu Foncha rejette cette solution lors du congrès du KNDP au mois de juin 1962. Il préconise un sabordage pur et simple du CPNC et l'adhésion de ses membres au KNDP. Les dirigeants de l'UC souhaitent à tout le moins que le regroupement dans cette partie du pays se fasse autour du KNDP :

> *En ce qui concerne le Cameroun occidental, la Commission a exprimé à nouveau sa satisfaction pour le récent communiqué conjoint UC-KNDP, et formulé des vœux pour que, dans cette partie de la fédération, le parti majoritaire KNDP arrive à regrouper les diverses populations et les autres groupements politiques, en vue de concrétiser l'unité nationale de l'État fédéral dans les meilleures conditions*[18].

John Ngu Foncha n'a cependant pas la possibilité d'imposer la solution du sabordage du CPNC. Sa stratégie non coopérative entretient des clivages partisans au Cameroun anglophone que le président Ahmadou Ahidjo exploite pour conforter son imperium au niveau fédéral. Malgré tous ses efforts, John Ngu Foncha ne parvient pas à obtenir le sabordage du CPNC.

Conformément aux dispositions transitoires de la loi constitutionnelle du 1er septembre 1961, le mandat de l'Assemblée nationale fédérale prend fin le 1er avril 1964. Les premières élections législatives fédérales sont donc organisées le 26 avril 1964 sur l'ensemble du Territoire national. La première élection présidentielle au suffrage universel direct est quant à elle attendue le samedi 20 mars 1965. Ces élections de 1964 et 1965 offrent l'occasion à l'UC et au KNDP de manifester concrètement au niveau fédéral leur alliance partisane.

L'alliance UC-KNDP présente des listes communes dans toutes les 6 régions du pays[19]. Dans la circonscription du Nyong-et-Sanaga, leur liste est en concurrence avec celle des DC. Au Cameroun anglophone, elles font face aux listes du CPNC d'Emmanuel Endeley. Au terme des élections la coalition UC-KNDP l'emporte dans toutes les 6 régions.

---

[18] IVe congrès de l'UC, Extrait du Rapport de la Commission de politique générale présentée par Henri Effa, délégué du Nyong-et-Sanaga.
[19] Le Cameroun oriental est subdivisé en cinq circonscriptions électorales : nord, centre-sud, ouest, est et littoral. Le Cameroun occidental constitue la sixième circonscription électorale.

Pour les candidatures à l'élection présidentielle, l'UC et le KNDP investissent les candidatures d'Ahmadou Ahidjo et de John Ngu Foncha, respectivement à la présidence et à la vice-présidence de la République fédérale. Aucune liste concurrente ne leur est opposée. Ahmadou Ahidjo et John Ngu Foncha sont élus avec 99,90 % des suffrages exprimés[20]. Le gouvernement fédéral qui suit le 25 mai 1965 est une coalition UC-KNDP comme le précédent. Le vice-président John Ngu Foncha, qui assure cumulativement la fonction de Premier ministre du Cameroun anglophone depuis le 1er septembre 1961, démissionne de cette dernière fonction le 12 mai 1965 en vertu des dispositions de l'Article 53 de la Constitution du 1er septembre 1961. Il est remplacé par décret présidentiel au poste de Premier ministre du Cameroun occidental par Augustine Ngom Jua[21], vice-président du KNDP et proche politiquement de John Ngu Foncha au sein du parti. Au IXe congrès du KNDP au mois d'août 1963, Augustine Ngom Jua est élu vice-président du parti avec 175 voix contre 73 pour Solomon Tandeng Muna.

Conforter au sein du KNDP par ce choix présidentiel conforme au vœu du parti, John Ngu Foncha entreprend d'exclure des instances exécutives les dirigeants du parti qu'il identifie comme des dissidents et des rivaux[22]. Solomon Tandeng Muna et Emmanuel Egbe Tabi, membres éminents du KNDP et ministres dans le gouvernement fédéral, sont ainsi exclus du KNDP avec huit autres dirigeants dont 3 secrétaires d'État, un ancien ministre du gouvernement fédéral, plusieurs anciens députés à l'Assemblée nationale fédérale[23]. Solomon Tandeng Muna, Emmanuel Egbe Tabi et les autres exclus du KNDP créent le *Cameroon United Congres* (CUC) au mois de septembre 1965. À la suite de cette scission, le KNDP perd la majorité absolue au sein de l'Assemblée législative du Cameroun anglophone. Cela l'oblige à rechercher une alliance politique pour gouverner à l'échelon fédéré. Cette alliance est contractée avec le CPNC d'Emmanuel Endeley. Au début de l'année 1966, le Premier ministre Augustine Ngom Jua forme un gouvernement de coalition KNDP-CPNC dans lequel Emmanuel Endeley occupe la deuxième position. L'opposition parlementaire à l'Assemblée législative du Cameroun anglophone est formellement représentée par le CUC. Pour affaiblir politiquement le vice-président John Ngu Foncha, le président Ahma-

---

[20] Le ticket Ahmadou Ahidjo/John Ngu Foncha recueille 99,90 % des 2 261 178 suffrages exprimés sur 2 271 410 inscrits. Cf. Abel Eyinga, *op. cit.*
[21] Décret n° 65-DF 170 du 12 mai 1965.
[22] John Ngu Foncha suspend ces dirigeants. Mais le comité central du KNDP les exclut des instances dirigeantes du parti.
[23] Willie Orok Effiom, Johanes Bokwe, Moses Ngonja Ndoke, Sam Mofor, L. I. Omenjoh, John Tataw, B. T. Sakah et Martin Fusi.

dou Ahidjo maintient Solomon Tandeng Muna et Emmanuel Egbe Tabi au sein du gouvernement fédéral malgré leur exclusion du KNDP.

Le 6 juin 1965, se tiennent les deuxièmes élections législatives depuis l'indépendance au Cameroun francophone. Contrairement au pluralisme politique observé dans les candidatures et les résultats des élections du 10 avril 1960, la consultation électorale du 6 juin 1965 enregistre des candidatures uniques UC pour les 100 sièges renouvelables. C'est la fin du pluralisme politique au Cameroun francophone. L'opposition parlementaire, déjà absente au niveau fédéral, et devenue rudimentaire au niveau de l'État fédéré du Cameroun oriental, disparaît entièrement au sein de celui-ci à l'issue des élections législatives du 6 juin 1965. Le 18 juin 1965, Vincent de Paul Ahanda est nommé Premier ministre du Cameroun oriental en remplacement de Charles Assale[24]. Cinq mois plus tard, au mois de novembre 1965, Simon Pierre Tchoungui est nommé Premier ministre du Cameroun oriental en remplacement de Vincent de Paul Ahanda, démissionnaire[25]. Simon Pierre Tchoungui demeure à la tête du gouvernement du Cameroun oriental jusqu'au mois de mai 1972.

Le projet hégémonique de l'UC sur l'échiquier politique du Cameroun francophone est institutionnellement achevé au terme des élections législatives du 6 juin 1965. Celui du KNDP sur l'échiquier politique du Cameroun anglophone échoue sans préjudice au projet de parti unique à l'échelon national.

Une alliance politique suicidaire

Le mandat de 5 ans de l'Assemblée législative du Cameroun anglophone élue le 31 décembre 1961 est prorogé d'une année sur l'initiative du président Ahmadou Ahidjo. Elles se tiennent donc le 31 décembre 1967, c'est-à-dire après l'instauration du parti unique. Elles offrent au président Ahmadou Ahidjo la première occasion de concrétiser sur une grande échelle sa conception de la légitimation politique des élus dans le contexte non concurrentiel de parti unique :

> *[...] Vous avez, Chers compatriotes du Cameroun occidental, l'insigne honneur d'être les premiers appelés par l'histoire à tester la solidité et l'efficacité de notre grand parti national, porteur de nos plus purs et de nos plus chers espoirs de progrès. [...]*

---

[24] Décret n° 65-DF-267 du 19 juin 1965.
[25] Le 18 novembre 1965, le Premier ministre Vincent de Paul Ahanda démissionne de ses fonctions en raison d'un différend politique avec le président Ahmadou Ahidjo.

> *Il vous appartient, par votre soutien fervent à la liste d'unité présentée par le parti, de faire en sorte que cette épreuve soit victorieusement franchie, que ce test soit le triomphe de l'intérêt général de la nation.*
>
> *Cette liste, soyez-en convaincus, a été précisément élaborée en fonction de ce haut idéal de soumission à l'intérêt général sans lequel il ne saurait y avoir de véritable démocratie. Elle marque ainsi la fin de ces déplorables pratiques électorales qui s'accompagnent de luttes d'influence, de démagogie et de divisions contraires à l'intérêt fondamental de la nation que nous voulons ensemble bâtir, forte et prospère. [...]*[26]

La liste unique présentée par l'Union nationale camerounaise (UNC) à ces élections législatives rassemble les anciens membres des partis du Cameroun anglophone qui se sont dissous au mois d'août 1966 au profit de l'UNC. 2 anciens membres du CPNC, 6 anciens membres du CUC et 22 anciens membres du KNDP figurent sur cette « liste d'unité » qui comporte 37 noms de candidats. Cette liste est une composition du Bureau politique provisoire de l'UNC. Elle reconnaît et accentue la représentation dominante de l'ex-KNDP sur l'échiquier politique du Cameroun anglophone. Les futurs représentants qui ont une filiation partisane avec l'ex-KNDP sont largement majoritaires sur la « liste d'unité » de l'UNC[27]. Les électeurs du Cameroun anglophone sont invités lors du scrutin du 31 décembre 1967 à valider cette liste unique élaborée par le Bureau politique provisoire « *composé d'hommes que les militants de tout le Cameroun ont librement choisis pour les guider, pour prendre diverses décisions à leur place.* »[28] Ils n'ont pas d'alternative. Les résultats ne recèlent aucune surprise. Et pourtant le parti se mobilise énergiquement pour la campagne électorale et ses dirigeants manifestent une fébrilité non simulée à la veille du scrutin. Ce qui est en jeu pour les dirigeants du parti, c'est la participation des populations au scrutin. Cette participation est l'indicateur synthétique du soutien des populations aux choix des dirigeants du parti ; c'est l'indicateur synthétique de légitimation politique du régime d'Ahmadou Ahidjo.

À l'esprit des responsables du parti, une participation massive aux élections illustre le soutien des populations aux dirigeants et leur adhésion aux idéaux du régime. Dans son message du 19 décembre 1967 aux électeurs du

---

[26] Extrait du message aux électeurs du Cameroun occidental, 19 décembre 1967.
[27] Il s'agit des anciens membres du KNDP mais également des membres du CUC. S'agissant de ces derniers, le Bureau politique investit six des membres exclus du KNDP en 1965 : Willie Orok Effiom, Johanes Bokwe, Moses Ngonja Ndoke, Sam Mofor, L. I. Omenjoh, B. T. Sakah.
[28] Extrait du discours du président Ahmadou Ahidjo à l'occasion du Meeting de l'UC à Obala, 14 janvier 1964.

Cameroun anglophone, le président Ahmadou Ahidjo sollicite le soutien et non le choix de la « liste d'unité » présentée par l'UNC. Le 31 décembre 1967, la « liste d'unité » est bien entendu officiellement « plébiscitée » par les électeurs du Cameroun anglophone.

À la suite du renouvellement de l'Assemblée législative du Cameroun anglophone, le président Ahmadou Ahidjo nomme Solomon Tandeng Muna Premier ministre en remplacement de Augustine Ngom Jua[29]. Parallèlement, le Bureau politique provisoire de l'UNC investit Willie Orok Effiom à la présidence de la nouvelle Assemblée législative. Ce sont deux anciens dirigeants du KNDP, dorénavant hostiles à John Ngu Foncha et assujettis à Ahmadou Ahidjo, qui incarnent désormais le gouvernement et le parlement de l'État fédéré au Cameroun anglophone. Le nouveau Premier ministre du Cameroun occidental a la garantie de l'investiture des nouveaux députés de l'Assemblée législative conformément aux consignes de vote de l'UNC.

L'alliance hégémonique UC-KNDP se révèle ainsi politiquement suicidaire pour le vice-président John Ngu Foncha. L'importance relative de ses ressources électorales propres au Cameroun anglophone le rendait incontournable dans le partenariat politique noué avec Ahmadou Ahidjo pour l'institutionnalisation de la réunification et du parti unique. La suppression des scrutins concurrentiels induite par le régime de parti unique dépersonnalise en définitive ses performances électorales au Cameroun anglophone au profit de l'UNC. Dans ce cadre, la légitimité politique de John Ngu Foncha procède principalement de la volonté de l'UNC et de ses instances exécutives présidées par Ahmadou Ahidjo. Il en est désormais ainsi pour tous les candidats à des fonctions électives au Cameroun. L'investiture des organes exécutifs de l'UNC confère la légitimité politique[30]. Ces organes se renouvellent lors du premier congrès de l'UNC qui se tient du 10 au 15 mars 1969 à Garoua, la

---

[29] Décret n° 68-DF-5 du 11 janvier 1968.
[30] Les Statuts de l'UNC distinguent 4 organes exécutifs : le congrès, le Conseil National, le comité central et le bureau politique national (Art. 16). Le congrès qui est l'assise la plus large se réunit tous les 5 ans en session ordinaire. « Il définit l'action générale et l'orientation politique, économique, sociale et culturelle du Parti. Il élit le président national du Parti. Il élit par liste les membres du comité central » (Art. 17). « Le Conseil national veille à l'application des décisions du congrès » (Art. 19). Le comité central composé de 42 « est présidé par le président national » (Art. 21). Il « est chargé d'assurer la direction du parti... Il accorde les investitures du parti à l'occasion des consultations populaires » (Art. 23). Le bureau politique national est composé de 12 membres élus par le comité central en son sein sur proposition du président national. « Il est chargé d'assister celui-ci dans la conduite des affaires du parti en dehors des réunions du comité central » (Art. 24). Le comité central et le bureau politique se réunissent sur convocation du président national. Cf. J. P. Guiffo Mopo, *ibid*, pp. 278-287.

ville natale de l'UC[31]. John Ngu Foncha, vice-président de la République fédérale du Cameroun, est 1er vice-président du Comité central de l'UNC à l'issue du congrès de Garoua[32]. C'est la reconnaissance honorifique que le président Ahmadou Ahidjo accorde à son principal partenaire politique dans les processus d'institutionnalisation de la réunification du Cameroun et du parti unique.

Le 23 février 1970, le Bureau politique national de l'UNC investit en effet Solomon Tandeng Muna aux côtés d'Ahmadou Ahidjo pour l'élection présidentielle du 28 mars 1970. La liste unique du couple Ahidjo-Muna recueille officiellement 97,39 % des suffrages exprimés. Ahmadou Ahidjo est de nouveau président de la République fédérale pour 5 ans. Solomon Tandeng Muna est le nouveau vice-président de la République. À la suite d'une révision de commodité de la Constitution du 1er septembre 1961[33], Solomon Tandeng Muna est habilité à cumuler les fonctions de Premier ministre du Cameroun occidental et de vice-président de la République fédérale[34]. Comme Charles Assale et d'autres leaders politiques acteurs de l'indépendance, John Ngu Foncha appartient désormais à l'histoire politique du Cameroun[35]. Solomon Tandeng Muna rentre dans le nouveau cycle politique du Cameroun. Il est titulaire d'une légitimité déléguée.

---

[31] L'Union camerounaise (UC) tient son congrès constitutif le 1er mai 1958 à Garoua.
[32] Simon Pierre Tchoungui, le Premier ministre du Cameroun oriental ; Willie Orok Effiom, le président de l'assemblée législative du Cameroun occidental et Énoch Kwayeb, ministre d'État chargé de l'Administration fédérale sont les trois autres vice-présidents du comité central. Emmanuel Egbe Tabi, Nzo Ekhah Nghaky, Bernard Fonlon, Moussa Yaya, Kamé Samuel, Oumarou Sanda, Victor Ayissi Mvodo, François Senga Kuoh sont membres du bureau politique du parti.
[33] Loi n° 70-LF-1 du 4 mai 1970, complétant le troisième alinéa de l'article 9 de la Constitution du 1er septembre 1961.
Art. 9.3 : « Les fonctions de président et vice-président de la République sont incompatibles avec toute autre fonction publique élective ou toute activité professionnelle » (Initialement l'incompatibilité était relative à « tout autre fonction »).
[34] Décret n° 70-DF-177 du 7 mai 1970.
[35] Le Bureau politique de l'UNC n'accorde pas l'investiture à l'ancien Premier ministre Charles Assale lors des législatives du 7 juin 1970 au Cameroun oriental.

John Ngu Foncha

Solomon Muna Tandeng

Emmanuel Endeley

Ndeh Ntumazah

Emmanuel Egbe Tabi

Augustine Ngom Jua

Bernard Fonlon

Nzo Ekhah Ngaky

Willie Orok Effiom

Henry Elangwe

Victor Anomah Ngu

Achidi Achu

LA DÉSINSTITUTIONALISATION DE L'HÉRITAGE ANGLOPHONE

Aux origines de la désinstitutionalisation

L'instauration du parti unique initialise le processus de désinstitutionalisation de l'héritage sociopolitique du Cameroun anglophone. Difficile, au sein d'un parti unique, de cultiver une singularité institutionnelle. Celle-ci apparaît fondamentalement sans objet réel si la politique mise en œuvre est unique. Ce sera l'un des arguments avancés par le président Ahmadou Ahidjo pour justifier le passage à l'État unitaire.

L'instauration du parti unique

Au début de l'année 1966, tous les partis politiques du Cameroun anglophone participent à l'un des 3 gouvernements de la République. À l'échelon fédéral, le KNDP et le CUC participent à la coalition gouvernementale conduite par l'UC. Au niveau de l'État fédéré du Cameroun occidental, la coalition KNDP-CPNC gouverne. Par ailleurs, tous ces partis politiques du Cameroun anglophone (KNDP, CPNC, CUC) adhèrent au projet de parti unique au niveau national avec plus ou moins de zèle. Dans ce contexte, le pluralisme partisan est sans objet pour le président Ahmadou Ahidjo. C'est l'argumentaire qu'il développe depuis bientôt cinq ans en faveur du parti unique et de l'unité nationale.

La réalisation du projet hégémonique UC-KNDP se présente sous les meilleurs auspices pour le président Ahmadou Ahidjo. L'UC s'est en effet imposé de force au Cameroun francophone à l'inverse du KNDP affaibli au Cameroun anglophone par sa scission interne et la résistance du CPNC. Ahmadou Ahidjo, président de la République fédérale, et président de l'UC, apparaît alors clairement sur l'échiquier politique du Cameroun comme le leader incontesté en face de trois « suiveurs » qui convoitent des positions secondaires (John Ngu Foncha, Emmanuel Endeley, Solomon Tandeng Muna).

Après le scrutin législatif du 6 juin 1965 au Cameroun francophone, l'UC est de fait le parti unique dans cet État fédéré. Au Cameroun anglophone, le multipartisme subsiste à cette date. Mais tous les partis de cet État fédéré (KNDP, CPNC, CUC) adhèrent au projet de formation d'un « grand parti national unifié » promu initialement par l'UC et le KNDP.

Dans ces conditions le projet de « grand parti national unifié » est réalisable à partir du mois de juin 1965. Mais le 5e congrès de l'UC, programmé au mois de novembre 1965 à Bafoussam, entraîne le report du projet à l'année 1966.

Le président Ahmadou Ahidjo convoque, du 11 au 14 juin 1966, une conférence rassemblant, entre autres, John Ngu Foncha (KNDP), Emmanuel Endeley (CPNC), Solomon Tandeng Muna (CUC), Augustine Ngom Jua (Premier ministre du Cameroun occidental), Simon Pierre Tchoungui (Premier ministre du Cameroun oriental). À l'issue de cette conférence, les participants décident « *de renforcer l'unité nationale par la fusion de leurs quatre partis dans un seul parti national unifié dénommé Union nationale camerounaise* (UNC)… » Un Comité directeur provisoire de trente membres (22 représentants de l'UC, 4 représentants du KNDP, 2 représentants du CPNC et 2 représentants du CUC), présidé par Ahmadou Ahidjo est constitué pour concevoir et mettre en place les structures du nouveau parti. Il est décidé que les 4 partis convoquent des congrès extraordinaires avant le 31 août 1966 à l'effet de ratifier les mesures prises, d'approuver les statuts de l'UNC, et de prononcer leur dissolution au profit de l'UNC.

Le Comité directeur provisoire de l'UNC se réunit ensuite le 23 juillet 1966 à Yaoundé pour adopter les statuts de l'UNC. Il fixe par ailleurs au 1er septembre 1966 la date d'existence légale de l'UNC. Il rend enfin publique la composition du Bureau du Comité directeur provisoire de l'UNC qui compte 4 représentants du Cameroun occidental et 6 représentants du Cameroun oriental[1].

---

[1] Ahmadou Ahidjo, président national ; John Ngu Foncha, vice-président ; Simon Pierre Tchoungui, vice-président ; Kamé Samuel, secrétaire politique ; Nzo Ekhah Nghaky, secrétaire adjoint, chargé de la Presse, de l'Information et de la propagande ; Moussa Yaya Sarkifada, secrétaire adjoint, chargé des Affaires féminines, syndicales et sociales ; Emmanuel Egbe Tabi, secrétaire adjoint, chargé de la Jeunesse ; Jean Ekwabi Ewane, secrétaire adjoint, chargé de l'Administration ; Oumarou Sanda, trésorier ; Henry Elangwe, trésorier adjoint. Compte tenu de la procédure simplifiée retenue par le Comité directeur provisoire dans la mise en place des organes de l'UNC,

Du 5 au 6 août 1966, le CUC se réunit en congrès extraordinaire à Bamenda pour approuver les statuts de l'UNC et prononcer sa dissolution au profit du nouveau parti. Les 12 et 13 août 1966, le KNDP, réuni en congrès extraordinaire à Kumba en fait autant. Le 21 août 1966 c'est l'UC qui prononce sa dissolution au profit de l'UNC dans le cadre d'un congrès extraordinaire à Yaoundé. Du 27 au 28 août 1966 à Buea, c'est le CPNC qui en fait autant. Le 1er septembre 1966, l'UNC a une existence légale au Cameroun. Kamé Samuel, son secrétaire politique, a la mission de forger son identité politique et de développer son implantation, notamment au Cameroun occidental. C'est un ardent partisan de l'État unitaire.

Le président Ahmadou Ahidjo achève, à travers l'UNC, une réalisation politique qu'il juge fondamentale pour l'approfondissement de l'unité nationale[2] :

> *[...] Notre grand sujet de satisfaction, sur le plan interne, vient principalement du renforcement de notre unité nationale par la création de l'Union nationale camerounaise qui assurera à la vie politique du pays, dans une conception réaliste et dynamique, une base à la dimension de notre Fédération, un champ d'action où tout citoyen, conscient de ses responsabilités politiques, pourra, loin des rivalités partisanes stériles et des surenchères démagogiques, participer utilement, dans un esprit de libre et franche confrontation, à la construction nationale. [...]*

Durant le premier semestre de l'année 1967, l'UNC implante ses organes au Cameroun occidental où des élections municipales et législatives sont prévues aux mois de mai, juin et décembre 1967. C'est à l'occasion de ces scrutins que l'UNC va, pour la première fois sur l'ensemble du territoire, investir des candidats sur une liste unique.

L'instauration de l'État unitaire

L'avènement de l'Union nationale camerounaise (UNC) en 1966 consacre formellement l'approfondissement de l'intégration politique et idéologique de ses composantes. Dès lors, tous les ministres du gouvernement fédéral et des deux gouvernements des États fédérés sont membres de l'UNC. De même tous les élus de l'Assemblée nationale fédérale et des Assemblées des États fédérés sont du même parti. Tous les responsables politiques du pays sont désormais astreints à la discipline du même parti. Tous les choix politiques et institutionnels du pays relèvent des instances dirigeantes de l'UNC dans lesquelles les

---

le Bureau exécutif du parti a un caractère provisoire dans l'attente du congrès constitutif du parti.
[2] Extrait du message à la nation du président Ahmadou Ahidjo, 31 décembre 1966.

anciens dirigeants de l'UC sont majoritaires et soudés, à l'inverse des anciens dirigeants du KNDP, du CPNC, et du CUC qui y sont minoritaires, divisés et politiquement affaiblis par leurs rivalités. C'est dans ce contexte politique que l'UNC engage le processus d'institutionnalisation de l'État unitaire dont l'intérêt est essentiellement instrumental.

Pour les dirigeants du Cameroun francophone, l'État unitaire est un gage d'autorité et d'efficacité gouvernementales dans l'œuvre politique ultime de construction nationale dans laquelle ils sont engagés. Cette approche de la construction nationale est d'inspiration et de tradition française. La nécessité du centralisme étatique s'est par ailleurs renforcée à l'orée de l'indépendance du Cameroun francophone en raison du contexte de violence meurtrière dans lequel cette indépendance s'est inscrite. La centralisation et la concentration des pouvoirs aux mains de l'exécutif sont apparues comme des atouts décisifs dans la résolution de cette crise.

L'approbation de la Fédération en 1961 apparaît ainsi comme une nécessité politique circonstancielle pour les dirigeants du Cameroun francophone. Le président Ahmadou Ahidjo le sous-entend dans son discours inaugural de la Conférence de Foumban :

> *Vous savez que dès avant le référendum et depuis, lors de nos entretiens avec Monsieur Foncha nous avions choisi pour notre futur État, le cadre fédéral.*
>
> *Pourquoi cette formule ?*
>
> *Parce que les disparités linguistiques, administratives et économiques ne nous permettent pas d'envisager sérieusement et raisonnablement un État unitaire et centralisé ;*

Autrement dit, l'État unitaire est le choix préférentiel, mais les conditions politiques ne sont pas réunies en 1961 pour ce faire.

Durant les négociations pour l'institutionnalisation de la réunification, le Premier ministre John Ngu Foncha et les dirigeants du Cameroun anglophone sont en effet des partenaires politiques représentatifs, indépendants, attachés au parlementarisme et à la tradition administrative décentralisée héritée du Royaume-Uni. Le Cameroun anglophone n'a par ailleurs pas connu le même traumatisme de la violence meurtrière d'inspiration politique que le Cameroun francophone. La levée de la tutelle des Nations unies s'y est faite dans la paix et dans un processus coopératif avec la Puissance administrante, sans susciter les procès en *collaborationnisme* intentés contre ceux qui avaient choisi la même voie coopérative sur l'autre rive du Mungo. Pour toutes ces raisons John Ngu Foncha et tous les responsables politiques du Cameroun anglophone sont favorables à la réunification dans le cadre d'une Fédération avec des prérogatives importantes dévolues aux États fédérés. L'institutionnalisation de la réunification à travers la Fédération entérine donc l'option préférentielle des dirigeants du Cameroun anglophone. Les dirigeants du Cameroun francophone concèdent parce que la Fédération ne compromet pas l'objectif politique commun qui est l'unité nationale. C'est un objectif politique ancien et largement partagé dans le pays.

Le thème de l'unité nationale est d'ores et déjà présent dans la dénomination et le programme de l'Union camerounaise, une organisation à vocation politique créée à Paris dans les années 1930. Dans la pétition que cette organisation adresse le 7 mai 1937 à la SDN pour réclamer l'application au Cameroun du régime du Mandat A, Mandessi Bell, le président de l'Union camerounaise, et Léopold Moumé Etia, son secrétaire général, s'expriment au nom des Camerounais des deux rives du Mungo[3]. Ce thème de l'unité nationale est aussi présent dans la dénomination et le programme de la *Cameroon National Federation* (CNF), un parti politique qu'Emmanuel Endeley crée à Buea en 1947. Ce thème est repris par la quasi-totalité des partis et des leaders politiques des deux Territoires du Cameroun dans les années 1950. Il s'incarne à l'époque dans la revendication partagée de la réunification des Territoires camerounais. L'exigence de l'unité nationale promue par les dirigeants du Cameroun francophone s'inscrit dans ce mouvement historique. Ils ont une conception de la nation qui s'apparente un rassemblement de citoyens, et une approche autoritaire, contraignante, voire brutale du processus de construction nationale. Ces conceptions sont d'inspiration française[4]. Ils ont la conviction que pour atteindre rapidement cet objectif il faut à la fois le parti unique et un État unitaire.

Au 2e séminaire de formation des responsables de l'UC qui se tient à Yaoundé du 15 au 23 juin 1964, Kamé Samuel, membre du Bureau exécutif et du Conseil national du parti, synthétise ainsi leur position sur ce sujet :

> *[...] Je vous ai déjà dit que pour les jeunes États indépendants, la construction nationale est un mythe.*
>
> *Pour effectuer cette œuvre dans des conditions satisfaisantes, il faut préalablement affronter un certain nombre de problèmes. Beaucoup de ces États doivent en effet réaliser l'Unité nationale en combattant et en faisant disparaître les particularismes tribaux. Beaucoup d'entre eux encore, sinon presque tous, voient les problèmes posés*

---

[3] Texte en Annexe 9, Cf. Moume-Etia Léopold, *Cameroun, les années ardentes*, JALIVRES, 1991, pp. 99-101.
[4] Cf. Ernest Renan, *Qu'est-ce qu'une nation ?* Conférence prononcée le 11 mars 1882 à la Sorbonne.

> *par leurs crises de croissance compliqués par une subversion internationale.*
>
> *Comme vous le voyez, les dirigeants de nos jeunes États d'Afrique ont à résoudre des problèmes dont l'urgence et la complexité exigent une intelligence, un courage et des qualités morales exceptionnelles.*
>
> *On ne peut pas bâtir des Nations avec des institutions de compromis.*
>
> *Les États d'Afrique ne seront bâtis solidement que si les peuples africains unanimement s'attellent à cette tâche avec une foi inébranlable, une ardeur sans défaillance.*
>
> *Seules ces dispositions d'esprit seront génératrices d'œuvres salutaires et durables.*

À l'approche du référendum sur l'État unitaire, le président Ahmadou Ahidjo est dans le même état d'esprit lorsqu'il s'exprime au 2e conseil national de l'UNC qui se tient à Yaoundé le 22 janvier 1971 :

> *Dans la période actuelle de l'histoire de notre pays, nos tâches principales demeurent, de toute évidence, l'édification d'une nation qui soit authentiquement une patrie pour tous les Camerounais et la promotion, dans la justice et l'harmonie, d'un progrès rapide dans les domaines économique, social et culturel.*
>
> *Compte tenu des conditions dans lesquelles elles s'exercent, le succès de ces tâches fondamentales exige à la fois un État fort capable de maintenir l'ordre et de garantir la paix sociale et la participation active de la population, c'est-à-dire, en dernière analyse, une démocratie appelant la libre adhésion de tous mais conduisant néanmoins le développement avec fermeté et efficacité.*

L'année d'après, dans son discours introductif à l'annonce du référendum sur l'État unitaire, il synthétise son argumentaire sur le sujet :

> *[...] Aujourd'hui, Mesdames et Messieurs les Députés, au-delà de l'organisation gouvernementale, c'est sans aucun doute, les structures de l'État lui-même qu'il s'agit de reconsidérer.*
>
> *Les années qui viennent de s'écouler, et au cours desquelles nous avons, comme il convient à un peuple majeur, assumé de notre mieux notre propre destin, ont été riches en enseignements. En particulier, l'expérience nous a convaincu qu'une nation ne peut s'affirmer, se construire, progresser, se développer, que si l'État, qui doit en être le moteur et l'instrument principal, s'organise en conséquence et s'insère résolument dans ce mouvement.*

À cet égard, force est de constater l'impact que les structures fédérales de la République exercent sur les efforts de développement du peuple camerounais.

On notera d'abord que le fonctionnement de trois gouvernements et de quatre Assemblées, nonobstant la politique d'austérité que nous n'avons cessé de pratiquer, entraîne inévitablement des dépenses importantes qui, sans doute, auraient pu servir à accroître la capacité d'intervention de l'État dans les domaines économique, social et culturel.

On notera ensuite que le budget de l'État du Cameroun occidental, bien que la plupart des services soient déjà fédéralisés, connait des difficultés malgré une subvention d'équilibre de la Fédération d'un montant de plus de deux milliards de francs, c'est-à-dire d'un montant s'élevant aux trois quarts environ de ce budget.

Dans le domaine de l'agriculture, qui pourtant constitue la ressource principale de l'économie nationale, on notera enfin les conséquences sur la production agricole d'une action publique insuffisamment rationalisée et insuffisamment harmonisée.

Il en est de même dans le secteur de l'urbanisme où, de plus en plus, se fait sentir l'absence d'une politique d'ensemble de développement urbain axée sur la modernisation.

En vérité, les structures fédérales n'ont surtout été adaptées à la Réunification que pour donner à nos compatriotes du Cameroun occidental l'assurance que l'héritage qu'ils apportent après plus de quarante années de séparation, non seulement ne sera pas ignoré, mais sera pris en considération dans le cadre d'un État bilingue et pluriculturel.

À cet égard, il faut, Mesdames et Messieurs les Députés, faire une double constatation.

En fin de compte, c'est bien au niveau de la Fédération, c'est-à-dire d'un pouvoir central couvrant la nation dans sa totalité, que le bilinguisme et le pluriculturalisme ont trouvé leur champ d'expression.

Au niveau des États fédérés, aucun effort particulier n'a été fait pour les introduire ni dans la vie publique ni dans l'enseignement primaire.

Par ailleurs, nous venons, après le dixième anniversaire de l'indépendance, de célébrer dans l'enthousiasme le dixième anniversaire de la Réunification. Au cours de ces années décisives, les populations des

> *deux rives du Mungo ont appris à mieux se connaitre et réappris à vivre ensemble dans la confiance et la fraternité. Elles ont compris que la diversité de notre héritage culturel, loin d'être une source de méfiance, contribue au contraire à enrichir notre personnalité nationale. Elles ont compris que la philosophie de l'équilibre qui sous-tend notre politique de développement est une garantie de justice et de progrès pour toutes les régions du pays comme je viens de la rappeler à l'occasion de l'inauguration du Centre régional de la Caisse nationale de prévoyance sociale du Cameroun occidental.*
>
> *En somme, au cours des dix années écoulées, nous avons constamment privilégié ce qui nous unit.*
>
> *C'est ainsi que tout ce qui pouvait être fait l'a été pour consolider toujours davantage l'intégration économique et sociale de la nation et harmoniser les conditions de vie et les chances de développement sur les deux rives du Mungo.*
>
> *C'est également ainsi que nous avons ensemble, dans la conscience aiguë de l'intérêt supérieur de la Patrie camerounaise, créé l'Union nationale camerounaise pour manifester, de façon vivante, l'unité de la nation et servir, appuyée de ses organismes annexes, que vient de renforcer l'UNTC, l'instrument de son destin.*
>
> *Dans ces conditions, où les structures fédérales apparaissent comme un handicap au développement rapide du pays et ou en revanche, le peuple camerounais a déjà consacré dans les faits sa profonde unité, ma conviction, Mesdames et Messieurs les députés, ma profonde conviction est que le moment est venu de dépasser l'organisation fédérale de l'État.*
>
> *J'ai en conséquence, conscient de mes responsabilités à l'égard de la nation et devant l'histoire, décidé de consulter, par voie de référendum, le peuple camerounais, souverain et maître de son destin sur l'institution immédiate d'un État unitaire [...]*[5]

Le référendum du 20 mai 1972 ouvre une nouvelle période de fondation institutionnelle au Cameroun. C'est le deuxième référendum constitutionnel après celui du 21 février 1960. Le décret n° 72/DF/231 du 9 mai 1972 portant publication d'un projet de constitution et décidant de le soumettre au référendum est ainsi formulé :

---

[5] Extrait de la communication du président Ahmadou Ahidjo à l'Assemblée nationale fédérale, 8 mai 1972.

> *Article premier : Le projet de constitution annexé au présent décret sera soumis au référendum le 20 mai 1972.*
>
> *Art. 2 : Les électeurs auront à répondre par « oui » ou par « non » à la question suivante :*
>
> *« Approuvez-vous, dans le but de consolider l'unité nationale et d'accélérer le développement économique, social et culturel de la nation, le projet de constitution soumis au peuple camerounais par le président de la République fédérale du Cameroun et instituant une République, unie et indivisible, sous la dénomination de République unie du Cameroun ? »*
>
> *Art. 3 : La campagne en vue du référendum sera ouverte le 10 mai 1972 à 0 heure et close le 19 mai 1972 à 24 heures.*
>
> *Annexe : Constitution de la République unie du Cameroun.*

Le projet de constitution soumis à référendum le 20 mai 1972 ne fait l'objet d'aucune discussion officielle au sein des instances de l'UNC. Il a été élaboré dans le secret de quelques collaborateurs du président Ahmadou Ahidjo. C'est un projet présidentiel qui consacre la préférence originelle des dirigeants de l'UC. Il est adopté à une majorité de 99 % des suffrages exprimés à l'issue du référendum. Le 2 juin 1972, la deuxième constitution du Cameroun est promulguée. Elle institue un État unitaire dénommé la « République unie du Cameroun ». En son préambule, ses promoteurs annoncent implicitement la dissolution des deux héritages historiques du peuple camerounais dans une nouvelle personnalité nationale.

> *Le peuple camerounais,*
>
> *Fier de sa diversité culturelle et linguistique, élément de sa personnalité nationale qu'elle contribue à enrichir, mais profondément conscient de la nécessité impérieuse de parfaire son unité, proclame solennellement qu'il constitue une seule et même nation, engagée dans le même destin et affirme sa volonté inébranlable de construire la Patrie camerounaise sur la base de l'idéal de fraternité, de justice et de progrès.*

En son Article premier (al. 2), le texte emprunte au constitutionnalisme français les principes de l'unicité et de l'indivisibilité de la République :

> *La République unie du Cameroun est une et indivisible.*

Il s'agit de proclamer l'unité de l'État et du peuple camerounais, de la protéger (Art. 37), comme pour exorciser toutes les velléités éventuelles de rétablissement du fédéralisme dans le pays[6]. Le fédéralisme camerounais n'a pas échoué ; il a été euthanasié par les dirigeants du Cameroun francophone.

Les effets de la désinstitutionalisation

La 2e Constitution du Cameroun renforce le caractère présidentiel du régime en supprimant ou en affaiblissant tous les foyers institutionnels de contre-pouvoirs. Les institutions propres aux États fédérés disparaissent[7]. La dévolution constitutionnelle des prérogatives institutionnelles réservées jusque-là aux responsables politiques de l'ex-Cameroun anglophone est dorénavant à la discrétion du président de la République unie du Cameroun. Il s'ensuit au fil du temps une érosion de ces prérogatives et le développement progressif et continu d'un sentiment de subordination économique, sociale et politique chez les dirigeants politiques en particulier, et les ressortissants du Cameroun anglophone en général.

La perte de prérogatives politiques

Après la réunification, le président Ahmadou Ahidjo publie un décret qui indique bien sa volonté d'éroder les prérogatives dévolues aux États fédérés[8]. Ce texte réorganise le territoire national en 6 régions administratives confiées chacune un inspecteur fédéral d'administration qui est le délégué du président de la République dans la région. Au Cameroun anglophone, les attributions de l'inspecteur fédéral empiètent clairement sur celles du Premier ministre. Il a en effet autorité sur les services administratifs locaux. En matière de sécurité publique ses attributions lui permettent de caporaliser le Premier ministre et même l'Assemblée législative du Cameroun anglophone en violation de « l'esprit de Foumban » et de la Constitution du 1er septembre 1961.

Dès que ce décret est mis en œuvre, John Ngu Foncha, le nouveau vice-président de la République fédérale du Cameroun proteste énergiquement[9] :

> *By this administrative division, West Cameroon has the same status as any of the five administrative regions into which East Cameroon is*

---

[6] À la Conférence de Foumban, la délégation du Cameroun méridional avait obtenu que cette mention ne figure pas dans la Constitution de la République fédérale.
[7] Art. Premier (Al. 1) : « La République fédérale du Cameroun, formée de l'État du Cameroun oriental et de l'État du Cameroun occidental devient à compter de l'entrée en vigueur de la présente Constitution, un État unitaire sous la dénomination de la République unie du Cameroun. » Constitution du 2 juin 1972.
[8] Décret n° 61/DF/15 du 20 octobre 1961.
[9] Cf. Konings P. & Nyamnjoh F. B., *Negotiating an Anglophone Identity, A study of the politics of recognition and representation in Cameroon*, Brill, 2003, p. 53.

divided. We regret that this is inconsistenf with the status of West Cameroon as a state in our Federation of two states. Furtheremore, we cannot at the same time regard West Cameroon as a state in the Federation and as a province in the same Federation. The powers given to the Inspector of Administration are far more extensive than those of either the Prime Minister of West Cameroon or the House of Assembly and Government. This system is anachronistic and in fact a resuscitation of what existed in the early colonial system. It is also derogatory to the authority and dignity of our Prime Minister and our Government. It is tending to change the system of administration in this state and is causing a great deal of frustration and disappointment among citizens of West Cameroon. It is adversely affecting the operation not only of the state government but also of the federal machinery.

Dans les institutions de la République fédérale du Cameroun, les dirigeants et les ressortissants du Cameroun anglophone ont en effet des prérogatives politiques qui leur sont constitutionnellement dévolues. Par ailleurs, « l'esprit de Foumban » c'est le respect, la transparence, et la coopération ; et non le mépris, la ruse, et la subordination.

À Foumban, il est convenu que lorsque le président de la République est par exemple un ressortissant du Cameroun francophone, son vice-président est nécessairement un ressortissant du Cameroun anglophone et vice-versa (Art. 9 al. 1). En cas de vacance de la présidence de la République, l'intérim est de plein droit assuré par le vice-président (Art. 10 al. 3). Il est convenu aussi que le président de la République a l'obligation de choisir les membres du gouvernement fédéral parmi les ressortissants des deux États fédérés du Cameroun (Art. 11 al. 1) et qu'il peut déléguer par décret certaines de ses attributions constitutionnelles à son vice-président (Art. 12 al. 13).

Dans la Constitution commune du 1er septembre 1961, les autorités du Cameroun anglophone ont compétence sur toutes les matières qui ne sont pas explicitement attribuées aux autorités fédérales (Art. 38 al. 1). Cela concerne des domaines tels que l'organisation travaux publics au niveau local, de l'administration locale, de l'enseignement primaire, du commerce, de la sécurité sociale, de l'agriculture, de la forêt, des coopératives, etc.

À l'Assemblée nationale fédérale, ils ont convenu à Foumban que le Cameroun anglophone dispose d'un nombre réservé de sièges qui est proportionnel à son poids démographique au sein de la Fédération (Art. 16 al. 1) et qu'il dispose d'une Assemblée législative de 37 membres que ses ressortissants élisent et qui fonctionne librement. Cette assemblée est présidée par un ressortissant de cet État fédéré.

Le Cameroun anglophone possède par ailleurs, une administration territoriale autonome ainsi qu'un ordre judiciaire propre qui est coiffé par une Cour suprême locale.

Dans les institutions de la République unie, du fait de la dissolution des institutions des États fédérés, toutes les prérogatives dévolues de plein droit aux dirigeants et aux ressortissants du Cameroun anglophone disparaissent.

Dorénavant, en cas de vacance de la présidence de la République par exemple, l'intérim est assuré par le président de l'Assemblée qui peut ne pas être un ressortissant du Cameroun anglophone (Art. 7 al. 3). La loi de révision constitutionnelle de 1975 renforce ce point en désignant, en 2e recours, le Premier ministre, nommé par le président de la République, comme intérimaire en cas de vacance de la présidence de la République (Art. al. 3). La révision constitutionnelle du 29 juin 1979 confère au président de la République le pouvoir de choisir son successeur dans la fonction (Art. 7 al. 3). En cas de vacance de la présidence de la République, le Premier ministre, désigné par le président de la République, succède en effet à celui-ci pour le restant de son mandat. Dans l'hypothèse d'une démission, le président de la République, en raison de la disposition figurant à l'alinéa (c), conserve la maîtrise totale de la promotion effective de son dauphin à la magistrature présidentielle. L'institutionnalisation de cette dévolution patrimoniale de la présidence de la République anéantit logiquement toutes les prétentions présidentielles des ressortissants de l'ex-Cameroun anglophone.

Peu de temps après la promulgation de la 2e Constitution, le Territoire de la République unie du Cameroun est configuré en 7 (Centre-sud, Est, Littoral, Nord, Nord-Ouest, Ouest, Sud-Ouest) provinces administratives dont 2 (Nord-Ouest et du Sud-Ouest) recouvrent l'ancienne région correspondant au territoire du Cameroun Anglophone. Ces unités administratives sont dirigées par des gouverneurs nommés par le président de la République et dépositaire de l'autorité de l'État dans ces unités.

La nouvelle Assemblée nationale compte 120 députés qui représentent la nation camerounaise. Leur élection est faite dans une circonscription unique qui est l'ensemble du territoire national. Son président est élu pour un mandat d'un an renouvelable. Il est protocolairement la 2e personnalité de l'État. Comme tous les autres députés, il perd son siège s'il est exclu de son parti.

Le pouvoir judiciaire est exercé par l'autorité judiciaire (les tribunaux de première instance, les tribunaux de grande instance, les tribunaux militaires, la Cour suprême) et la Haute Cour de justice. La Cour suprême remplace le Cour fédérale de justice. Elle fait office de Haute juridiction administrative, de Cour de cassation, et de Haute juridiction constitutionnelle. Elle comprend un président, des conseillers, un procureur général, des avocats généraux et un greffier en chef. Le président de la République est le garant de l'indépendance de l'autorité judiciaire. Il préside le Conseil supérieur de la Magistrature et il nomme les magistrats.

Au mois de novembre 1982, le président Ahmadou Ahidjo démissionne de la présidence de la République unie du Cameroun et promeut le Premier ministre Paul Biya, un ressortissant de l'ex-Cameroun francophone dans la fonction. Il est comme la plupart des dirigeants et des ressortissants de l'ex-Cameroun francophone un ardent partisan de l'État unitaire. Au mois de février 1984, il initie, sans l'assentiment des 2 plus hauts responsables politiques de l'ex-Cameroun anglophone encore en fonction, un projet de loi qui modifie la dénomination de l'État unitaire du Cameroun[10]. À la suite de l'adoption et de la promulgation de la loi n° 84/001 du 4 février 1984, la dénomination « République unie du Cameroun » disparaît au profit de la dénomination « République du Cameroun » qui était celle du Cameroun francophone du 1er janvier 1960 au 30 septembre 1961. Symboliquement, c'est la dissolution institutionnelle du Cameroun anglophone dans le Cameroun francophone ; c'est l'effacement institutionnel du Cameroun anglophone.

Le sentiment de subordination sociale, économique et politique

Au mois de janvier 1984, Solomon Tandeng Muna, le président de l'Assemblée nationale adresse un Mémorandum à Paul Biya, président de la République, au sujet du sentiment de subordination généralisée des ressortissants du Cameroun anglophone[11] :

> *Virtually every Anglo-Saxon qualification is inferior to French ones, and so Anglo-Saxon standards are supposed to be inferior to French ones. This gives an idea of the frustrations which English-speaking citizens face virtually at all levels in the university, in the public service and in State corporations with regard to their progress.*

Le président de l'Assemblée nationale, membre de la délégation du Cameroun anglophone à la Conférence de Foumban, ancien vice-président de la République fédérale du Cameroun, exprime dans ce Mémorandum un sentiment ressenti par les dirigeants et les ressortissants du Cameroun anglophone dès le début de la Fédération. Au mois de mars 1964, Bernard Fonlon, qui était aussi membre de la délégation du Cameroun anglophone à la Conférence de Foum-

---

[10] Au mois de février 1984, Solomon Tandeng Muna est président de l'Assemblée nationale et 2e personnalité de l'État sur le plan protocolaire. John Ngu Foncha est 1er vice-président du Bureau politique de l'UNC. Ces deux responsables ont conduit la délégation du Cameroun anglophone à la Conférence de Foumban au mois de juillet 1961.
[11] Cf. Konings P. & Nyamnjoh F. B., *Ibid.* p. 71.

ban, avait déjà fait état de ce sentiment dans un article paru dans le n° 5 de la Revue *Abbia* :

> *The two specimens of culture that are met in the country today are not of equal strength.*
>
> *The Anglo-Saxon is weaker, and this, for obvious reasons. The result of this many-sided inequaly is that, in the federation ... the power to intrudoce policy, to shape the course of events in things political, economic, social and cultural, lies, to all intents and purposes, entirely in the hands of East Camerounians.*
>
> *In the three years of unification, sundry uses and institutions, thanks to articles five and six of the federal constitution, have now come from the East to the West. Furthermore, in West Cameroon, they now drive on the right, the franc has replaced sterling as legal tender, the school year has now been streamlined to fit that of the East and the scientific metric system has now replaced the unwieldy British measures.*
>
> *But I have searched in vain for one such use or institution brought into the East through West Cameroon. Outside its own federal frontiers, the influence of west Cameroon is pratically nil. Therefore, unless the East Cameroon leader and intellectual, in whose hands cultural Initiative lies, is prepared to share this authority with his brother from West of the Mungo, unless he is prepared to make the giant effort necessary to break loose from the strait-jacket of his French education, unless he will show proof of his intellectual probity and admit candidly that there are things in the Anglo-Saxon way of life that can do this country good, there is little chance of survival, neither for English influence, nor even for African values in the Federal Republic of Cameroon.*
>
> *With African culture moribond, with John Bullism weak and in danger of being smothered, we will all be French in two generations or three.*[12]

Entre Bernard Fonlon en 1964 et Solomon Tandeng Muna en 1984, c'est 20 ans de frustrations continues des ressortissants du Cameroun anglophone. Ces frustrations s'accentuent après la succession présidentielle du mois de novembre 1982. Nul besoin de les illustrer par la relation des faits et des propos qui les auraient alimentés. De nombreux intellectuels ressortissants du Cameroun anglophone l'ont brillamment et abondamment fait. Il suffit de

---

[12] Cf. Konings P. & Nyamnjoh F. B., *Ibid.* p. 71.

relire des extraits de 2 lettres importantes de démission pour prendre la mesure de la profondeur des frustrations des ressortissants du Cameroun anglophone.

La première lettre est celle que John Ngu Foncha adresse le 9 juin 1990 au président Paul Biya pour l'informer de sa démission de la fonction de vice-président du Rassemblement démocratique du peuple camerounais (RDPC)[13]. La 2e lettre est celle que Solomon Tandeng Muna adresse au mois de décembre 1994 au Comité consultatif constitutionnel institué par le président Paul Biya pour refonder les institutions du Cameroun. Ce sont des responsables éminents de la délégation du Cameroun anglophone à la Conférence de Foumban qui s'expriment[14] ; ce sont 2 anciens vice-présidents de la République fédérale du Cameroun qui s'expriment ; ce sont deux éminents dirigeants de l'UNC et du RDPC qui s'expriment.

Que disent-ils entre autres griefs ?

Ils incriminent le mépris, la ruse, la subordination qu'ils ne sont plus disposés à couvrir.

> *6) The Southern Cameroonian whom I brought into the Union have been ridiculed and referred to as « les Biafrians », « les enemies dans la maison », « les traites », etc. and the constitutional provisions which protected this Southern Cameroonian minority have been suppressed, their voices drowned while the rule of the gun has replaced the dialogue which Southern Cameroonians cherish very much.* ; (John Ngu Foncha)

> *Trente-quatre ans durant, les Camerounais anglophones ont fait preuve de la même confiance et de la même assurance, pour voir leur style de vie s'éroder continuellement, leur système de maintien de la loi et de l'ordre changé, leur système juridique changé, leur système administratif changé, leur système de développement changé, leur système éducatif menacé et seulement sauvé par l'Office du GCE, après des années de lutte sous la primature du Président de ce Comité. Aucun de ces changements n'a apporté une satisfaction ni morale ni matérielle.*

> *Il y a environ deux ans, les Camerounais anglophones se sont organisés au sein de la All Anglophone Conférence, aujourd'hui devenue Southern Cameroon National Council, pour exiger un retour*

---

[13] Cf. Annexe 10.
[14] Emmanuel Endeley, décédé le 29 juin 1988, est l'autre responsable de la délégation du Cameroun anglophone à la Conférence de Foumban. Nul doute, au regard de ses positions et son parcours politiques, qu'il aurait partagé les griefs relatés dans ces deux lettres de démission.

> *au style de vie qu'ils avaient connu. On les ignora complètement, bien que personne ne peut contester le fait que leur organisation représente les vœux de la vaste majorité des Camerounais anglophones.*
>
> *Assis ici dans cette Assemblée depuis quelques jours, je croyais que je pouvais parler en leur nom. Mais maintenant, je suis convaincu que tout est faussé. Il est dommage que le gouvernement n'ait jamais voulu les écouter. Ce n'est pas juste qu'ils ne soient pas ici aujourd'hui. Tout ceci est faussé. À mon âge avancé, je ne peux pas prétendre que je représente les rêves de cette jeune génération. J'ai eu mes rêves, ils ont droit aux leurs. Ils devraient être ici et être entendus. Je pourrais donner des conseils, mais je refuse de ne pas parler pour eux.*
> (Solomon Tandeng Muna)

Ce sentiment de subordination généralisée des ressortissants du Cameroun anglophone est résumé dans le texte qu'ils publient à l'issue de la *All Anglophone Conference* (ACC) qui se tient à Buea du 2 au 3 avril 1993[15]. Cette Conférence s'inscrit dans le cadre des débats en cours au Cameroun au 1er semestre de l'année 1993 sur les réformes institutionnelles à promouvoir pour répondre à certaines recommandations de la Conférence tripartite[16] et pour sortir de la crise électorale d'octobre 1992. Comme au mois de juin 1961 en préparation de la Conférence de Foumban, l'élite du Cameroun anglophone se réunit à Buea à l'initiative de certains juristes dont Sam Ekontang Elad (avocat), Simon Munzu (avocat), Benjamin Itoe (magistrat) et Carlson Anyangwe (universitaire) pour harmoniser leurs positions sur la réforme constitutionnelle à venir. À Buea il y a environ 5 000 participants dont John Ngu Foncha et Solomon Tandeng Muna. L'une des résolutions de cette Conférence c'est l'exigence d'un retour à la Fédération. Cette exigence n'est pas née à Buea lors de cette Conférence. Elle est simplement réaffirmée avec force, et avec un argumentaire sublimé et meublé d'objurgations.

John Ngu Foncha, Solomon Tandeng Muna, Emmanuel Endeley et de nombreux leaders sociopolitiques du Cameroun anglophone ont toujours préféré l'organisation fédérale de l'État. Attachés à la paix, ou impuissants devant le déséquilibre de la balance des forces, ils ont prôné des solutions négociées avec le pouvoir central, c'est-à-dire des solutions coopératives et non

---

[15] Ce texte est dénommé « La déclaration de Buea ».
[16] La Conférence tripartite, qui rassemble les partis politiques, les personnalités indépendantes et les pouvoirs publics, est convoquée à Yaoundé du 30 octobre au 9 novembre 1991 par le président Paul Biya pour trouver des solutions électorales consensuelles dans le cadre de l'expression d'une légitimité parlementaire pluraliste. Elle est présidée par le Premier ministre Sadou Hayatou.

violentes. Les générations actuelles des ressortissants du Cameroun anglophone ne sont manifestement plus dans le même état d'esprit qu'elles assimilent *a posteriori* à l'assujettissement.

Buéa, Cameroun, photo de l'auteur.

LE REFUS DE L'EFFACEMENT INSTITUTIONNEL

Dans la lettre de démission qu'il adresse au mois de décembre 1994 aux membres du Comité consultatif constitutionnel, Solomon Tandeng Muna insinue, pour s'en offusquer, qu'il y a des responsables politiques au Cameroun qui assimilent délibérément le fédéralisme au sécessionnisme pour ne pas écouter les fédéralistes. Il aurait pu ajouter avec la même clairvoyance que, pour la même finalité, les mêmes protagonistes assimilent délibérément le maçonnage d'un État unitaire à la quête de l'idéal d'unité nationale. Ce sont fondamentalement des postures idéologiques affichées comme des principes intangibles. Ce mode opératoire est à l'œuvre tout au long de la crise anglophone qui se révèle au grand public au dernier trimestre de l'année 2016. À ce sujet, l'interview que le ministre Paul Atanga Nji donne à l'antenne de la radio nationale camerounaise le dimanche 20 novembre 2016 est emblématique[1]. Sa lecture est instructive pour la compréhension de *l'épidémiologie* de cette crise. Au-delà de l'approche *épidémiologique*, on y retrouve leur diagnostic, leur thérapie fait de traitements symptomatiques, et tous les éléments de langage de la communication officielle sur cette crise.

Au commencement, il y a le déni des réalités qui va constamment transparaître dans le discours officiel.

Il n'y a pas de « problème anglophone au Cameroun ». Ceux qui prétendent qu'il y en a un sont des « imposteurs » en quête de « notoriété ». Du reste, qui est anglophone au Cameroun, bien que les anglophones ne soient pas marginalisés dans le pays et que depuis 1982 le président Paul Biya ne cesse de leur accorder « un traitement préférentiel » ?

Il n'y a pas non plus de réalité dans le mouvement de revendication des avocats et des enseignants. Ils sont en fait manipulés, et les meneurs sont en intelligence avec l'extérieur, voire avec l'ennemi. Les preuves sont accablantes. Ils ont reçu des virements de l'étranger pour financer les incitations au désordre et les appels au fédéralisme et à la sécession. Les titulaires des

---

[1] Cf. Annexe 12 pour la transcription de l'Interview.

comptes, pardon, les « transporteurs des virements » reçus de l'étranger ont été interpellés et sont passés aux aveux complets.

Il y a ensuite les rodomontades sans objet et les leçons de déontologie.

L'unité nationale et l'État de droit doivent être respectés. Force doit rester à la loi. La paix doit être préservée. Les élus sont les représentants légitimes des citoyens en démocratie...

Les avocats anglophones ont l'obligation de respecter la loi et de plaider pour leurs clients. Autrement dit, le désordre et la suspension des plaidoiries ont assez duré. Les avocats ne sont pas couverts par une immunité. Les manquements de ces infracteurs seront réprimés sans ménagements. Il en est de même pour les enseignants. Tout ce désordre doit cesser. « C'est inacceptable, c'est inadmissible ! »

Il y a aussi, les objurgations stériles.

Les avocats et les enseignants doivent « bien se tenir », être « sages » et aller exposer leurs « doléances » au ministre de la Justice, Garde des Sceaux, et à celui de l'Enseignement supérieur. S'ils ne consentent pas à revenir sur le « bon chemin », ils vont voir ce qu'ils vont voir.

Il y a enfin la multiplication des traitements symptomatiques.

Le gouvernement a apporté des réponses à la plupart de leurs revendications. Il est disposé à aller plus loin lorsque les finances publiques le permettront. Les autres Camerounais ne sont pas aussi bien traités. Qu'ils aillent donc à l'Est ou dans le Grand Nord !

Le commencement et l'enlisement de la crise

La crise anglophone se révèle au grand public au dernier trimestre 2016. Elle commence par des mots d'ordre de grèves et de manifestations des avocats ressortissants du Cameroun anglophone. Les syndicats d'enseignants rejoignent par la suite les avocats dans leurs mouvements sociaux qui s'étendent et s'intensifient. À la fin de l'année 2016, ces mouvements sociaux se cristallisent et s'enlisent donnant naissance à la crise la plus grave qu'a connu le Cameroun anglophone. La gestion opérationnelle des manifestations des avocats et des enseignants n'est pas étrangère à l'embrasement. Elle a alterné la *carotte* et le *bâton* sans jamais parvenir à l'apaisement, bien au contraire.

Le mouvement de grève des avocats du Cameroun anglophone

Le 11 octobre, les avocats ressortissants du Cameroun anglophone lancent un mot d'ordre de grève des plaidoiries de 4 jours. Pour justifier leur mouvement de grève, ils avancent des arguments épars : les procédures d'instruction et de jugement de la *Common law* auxquelles ils sont familiers ne seraient pas appliquées au Cameroun anglophone ; les textes juridiques de référence, et notamment les Actes uniformes Ohada[2], ne seraient pas disponibles en version anglaise au Cameroun anglophone ; les magistrats en fonction au Cameroun anglophone ne parleraient pas anglais ; etc.

Ces arguments circonstanciels sont récurrents et bien connus des pouvoirs publics au Cameroun. La motivation profonde des acteurs de ce mouvement est cependant politique. En vérité, ils protestent contre la substitution progressive du système judiciaire du Cameroun francophone, hérité des traditions juridiques françaises, à leur système judiciaire hérité des traditions juridiques britanniques. Il apparaît dès le début de leur mouvement de grève, que leurs revendications s'inscrivent fondamentalement dans le refus de l'effacement institutionnel de l'héritage britannique du Cameroun anglophone. C'est donc, à leur esprit, un combat d'intérêt commun qui mérite le soutien et la solidarité de l'ensemble de la société du Cameroun anglophone. C'est le sens de leur communiqué rendu public après leur réunion tenue à Buea le 15 octobre 2016 au terme de la durée initiale du mot d'ordre de grève. Après la critique de l'attitude et des initiatives du gouvernement à la suite de leur mouvement de grève, ils invitent dans ce communiqué « *l'Association des enseignants du Cameroun (TAC), les associations des commerçants, le syndicat des conducteurs de motos taxis, des compagnies de transports, ainsi que les « bayam Sellam », les chefs traditionnels du Nord-Ouest et du Sud-Ouest* » à les rejoindre dans le mouvement de grève qui est reconduit malgré les assurances reçues au sujet de la traduction imminente des actes uniformes Ohada en anglais.

Peu de temps après, les avocats en question prennent la décision d'organiser le mardi 8 novembre 2016 une grande manifestation publique à Bamenda. Cette fois, ils inscrivent ouvertement leurs revendications dans le combat que certains d'entre eux mènent depuis toujours pour le retour du Cameroun à la Fédération. Le 5 novembre, à l'issue d'une réunion de son comité exécutif national (NEC) à Bamenda, le *Social democratic front* (SDF), parti politique dont le principal fief électoral est le Cameroun anglophone, apporte son soutien au mouvement de grève des avocats, et à celui des enseignants de l'université de Bamenda qui se prépare en coulisse depuis la rentrée académique du jeudi 17 octobre 2016.

Le 8 novembre, pour prévenir l'extension du mouvement de grève aux enseignants, le Premier ministre, Philémon Yang, ressortissant du Cameroun anglophone, crée un comité interministériel « *chargé d'examiner et de propo-*

---

[2] Organisation pour l'harmonisation en Afrique du droit des affaires (Ohada).

ser des solutions aux préoccupations soulevées par les syndicats des enseignants. » Ce comité est présidé par Jacques Fame Ndongo, le ministre de l'Enseignement supérieur.

Le même jour, comme prévu, les avocats en question et des centaines de jeunes gens bravent l'interdiction administrative et manifestent à Bamenda. Des tensions surviennent entre les organisateurs, les manifestants et les forces de l'ordre, notamment à cause des itinéraires empruntés et des lieux envisagés pour les discours de circonstance[3]. Des gendarmes interviennent pour disperser les manifestants. À l'occasion, ils brutalisent des avocats en robe, violent leurs cabinets, confisquent des robes et des toques. L'atmosphère s'envenime. Les échauffourées violentes se multiplient dans la ville de Bamenda entre de jeunes gens et les gendarmes. On dénombre plusieurs blessés de part et d'autre, dont des avocats. Plusieurs manifestants sont interpellés et gardés à vue à la brigade de gendarmerie de la ville.

Le vendredi 18 novembre, le ministre de l'Enseignement supérieur convoque la première réunion du comité interministériel qu'il préside. Les ministres des Enseignements secondaires, de l'Éducation de base, de l'Emploi et de la formation professionnelle, 9 syndicats d'enseignants du secondaire et du supérieur, et quelques associations prennent part à cette réunion. Le ministre des Sports y est représenté, de même que des responsables des Services de la primature. Les enseignants présents exposent librement et exhaustivement leurs revendications. Des réponses sont apportées à certaines de leurs doléances.

Le dimanche 20 novembre 2016, en mi-journée, le ministre Paul Atanga Nji, qui est ressortissant du Cameroun anglophone, donne l'interview évoquée plus haut dans une émission de grande audience sur l'antenne radio de la *Cameroon Radio Television* (CRTV)[4]. À la première question de son interview, relative à l'existence ou pas d'un « problème anglophone au Cameroun », voici sa réponse :

> *Je dis d'emblée qu'il n'y a aucun problème anglophone au Cameroun, et ceux qui en parlent, je peux dire que c'est des imposteurs qui sont en quête de notoriété.*
>
> *Nous l'avons souvent dit et je le dis encore qu'il n'y a aucun problème anglophone au Cameroun.*

---

[3] Les avocats conduisent symboliquement les manifestants sur le lieu où 6 militants du SDF avaient perdu la vie le 26 mai 1990 lors de la marche pour le lancement officiel des activités de ce parti.
[4] Cf. Annexe 12.

> *Les Anglophones ne sont pas marginalisés au Cameroun.*
>
> *Et je peux dire sans le risque de me tromper que le président Paul Biya depuis 1982 a plutôt accordé aux Anglophones un traitement préférentiel. Et c'est ça qu'il faut retenir.*

Malgré leur participation à la première réunion du comité interministériel présidé par le ministre de l'Enseignement supérieur, et malgré les rodomontades et les objurgations du ministre Paul Atanga Nji la veille, les enseignants ressortissants du Cameroun anglophone rentrent en grève le lundi 21 novembre 2016 à travers une manifestation organisée le même jour dans les rues de Bamenda.

Le mouvement de grève des enseignants du Cameroun anglophone

Dans ce mouvement de grève, la motivation profonde des enseignants ressortissants du Cameroun anglophone n'est pas corporatiste. Comme chez les avocats ressortissants du Cameroun Anglophone, elle est politique. Ils protestent aussi fondamentalement contre la substitution progressive du système éducatif du Cameroun francophone à leur système éducatif hérité de celui du Royaume-Uni. Leurs revendications corporatistes s'inscrivent également dans le refus de l'effacement institutionnel de l'héritage britannique du Cameroun anglophone.

Malgré l'interdiction administrative, la manifestation du lundi 21 novembre 2016 est maintenue par ses organisateurs. Des enseignants sont présents. Mais elle mobilise surtout des centaines de jeunes gens aux revendications multiples et variées. Des affrontements surviennent entre les manifestants et les forces de l'ordre. L'atmosphère est émeutière dans la ville de Bamenda. Des groupuscules de jeunes violents brandissent des pancartes avec des inscriptions de revendications politiques. Le bilan de ces émeutes est lourd : 4 morts ; une policière et 3 civils. Des centaines de manifestants sont interpellés et détenus. La présence militaire est dorénavant massive et visible à Bamenda. Une atmosphère de ville morte s'y installe de fait.

Face à la gravité de la situation à Bamenda, les appels au dialogue sont lancés par plusieurs partis politiques de l'opposition[5]. Ces appels sont sans objet pour le gouvernement qui considère, qu'avec les Comités interministériels qu'il a institués, il est d'ores et déjà engagé dans un dialogue avec les enseignants et les avocats ressortissants du Cameroun anglophone. Il invoque les réponses concrètes apportées aux revendications précises des uns et des autres pour

---

[5] Le Social democratic front (SDF) ; le Mouvement pour la renaissance du Cameroun (MRC) ; le Cameroon people's party (CPP) ; le Mouvement africain pour la nouvelle indépendance et la démocratie (MANIDEM) ; etc.

condamner et réprimer ces manifestations interdites par les autorités administratives locales.

Le lundi 28 novembre 2016, c'est-à-dire une semaine après la manifestation des enseignants à Bamenda, les étudiants de l'université de Buea organise une marche sur leur campus en mettant eux aussi en avant des revendications catégorielles[6]. Les forces de l'ordre rentrent dans le campus devant des étudiants surpris qui scandent en chœur « *No violence ! No violence ! No violence ! ...* ».

Peu de temps après l'arrivée des forces de l'ordre sur le campus, la situation dégénère. Rompus à l'utilisation optimale des smartphones, les étudiants filment de nombreuses scènes des interventions musclées des forces de l'ordre sur le campus et dans ses environs. Ces vidéos sont ensuite diffusées à grande échelle sur les réseaux sociaux. Les films et les images diffusés choquent par la brutalité délibérée des forces de l'ordre notamment sur des étudiantes extraites de leurs chambrettes. À la vue de ces vidéos, le pays et la communauté internationale prennent conscience de la gravité des évènements en cours au Cameroun anglophone depuis le mois d'octobre 2016. Dans un Communiqué de presse, le gouvernement des États-Unis se dit préoccuper par les pertes en vies humaines, les abus et les restrictions de libertés au Cameroun anglophone à la suite des manifestations en cours dans cette partie du pays. Il invite les parties à ouvrir un dialogue pour trouver une voie pacifique de sortie de crise[7]. Après l'université de Bamenda, celle de Buea est désormais, de fait, paralysée.

Le président de République entreprend de dépêcher au Cameroun anglophone son Premier ministre. Celui-ci reprend la main sur le comité interministériel chargé d'examiner le fonctionnement du système d'enseignement et de faire des recommandations de réformes. Son directeur de cabinet, Paul Ghogomu Mingo, un ressortissant du Cameroun anglophone, est nommé à la tête dudit comité. Ce dernier est dorénavant l'organe officiel missionné par le gouvernement pour conduire les négociations pratiques avec les enseignants du Cameroun anglophone. Ceux-ci s'organisent à leur tour dans la perspective de ces négociations. Début décembre, ils s'associent aux avocats pour former le *Cameroon Anglophone Civil Society Consortium* (CACSC) qui prend la dénomination courante de « Consortium ». Il rassemble des syndicats d'enseignants et des associations d'avocats du Cameroun anglophone. Un avocat,

---

[6] Les étudiants réclament entre autres la levée de l'interdiction de leur association créée en 2012 (*University of Buea Student Union* - UBSU), la suppression de la pénalité de retard de paiement des frais de scolarité, etc.
[7] Cf. *Press Statement*, John Kirby, Assistant and Department, Spokesperson, Bureau of Public Affairs, Washington DC, November 28, 2016.

Me Félix Kongho Agbor Balla est porté à sa présidence. Fontem Aforteka'a Neba, un enseignant, est le secrétaire général du Consortium de même que Wilfred Tassang, son trésorier.

La cristallisation du conflit

Le vendredi 2 décembre 2016, par la voix de son porte-parole, Issa Tchiroma Bakary, le ministre de la Communication, le gouvernement fait un point de presse à Yaoundé sur cette crise. Il réfute les accusations d'atteintes aux droits de l'homme et loue la retenue et le professionnalisme des forces de l'ordre. Il met en garde ceux qui propagent des nouvelles mensongères sur les réseaux sociaux et s'exposent de ce fait à la rigueur des sanctions prévues par la loi. Il réaffirme enfin la détermination du gouvernement à réprimer sans faiblesse tous ceux qui portent atteinte à l'unité et à la cohésion nationale, et à l'intégrité territoriale du pays.

De leur côté, les parlementaires et le leader du SDF, John Fru Ndi, prennent publiquement fait et cause pour les manifestants et réitèrent la position de leur parti pour la Fédération. Ils le font aussi bien à Bamenda qu'à Buea dans le cadre de meetings qui rassemblent des centaines de jeunes gens.

Le mercredi 7 décembre 2016, le Premier ministre est de retour au Cameroun anglophone, accompagné de Jean Nkuete, le secrétaire général du comité central du RDPC, le parti au pouvoir. Ils tiennent ensemble un meeting à Buea en présence de Peter Mafany Musonge, un ancien Premier ministre, ressortissant aussi du Cameroun anglophone. Ils sont là pour promouvoir la paix et l'unité nationale. Ils invitent les avocats et les enseignants à mettre un terme à leurs mouvements de grève dans la mesure où des solutions concrètes sont en train d'être apportées à leurs revendications. Quant à l'exigence du retour au fédéralisme, ils y opposent une fin de non-recevoir au motif que la nation camerounaise est une et indivisible.

Après Buea, Philémon Yang et Jean Nkuete se rendent à Bamenda le 8 décembre 2016. Le ministre Paul Atanga Nji fait partie de cette délégation de Bamenda. Ensemble, ils envisagent d'adresser le même message de paix et d'unité aux ressortissants du Cameroun anglophone dans le cadre d'un meeting public. Avant leur arrivée sur le lieu du meeting, de jeunes gens interviennent bruyamment sur place pour empêcher la tenue de la réunion. Les forces de l'ordre réagissent énergiquement pour expulser ces jeunes hors du lieu prévu pour le meeting. Des affrontements violents s'en suivent. La réunion est annulée. Mais les affrontements se répandent rapidement dans la ville. Des barricades de pneus enflammés jonchent les chaussées des principales artères de la ville. Des magasins sont saccagés et pillés. En fin de journée on comptabilise : 2 à 4 civils tués selon les sources, plusieurs blessés par balles, une cinquantaine de jeunes interpellés et détenus, des édifices publics et des véhicules administratifs incendiés.

À la suite de ces évènements violents et meurtriers, le gouvernement décide de renforcer sensiblement les forces de l'ordre présentes au Cameroun anglophone. Les médias publics invoquent l'agenda caché des enseignants et des avocats qui sont les meneurs de ce mouvement dit désormais « insurrectionnel ». Ils relaient les messages gouvernementaux de fermeté face aux « casseurs ». Plusieurs organisations de la société civile mettent en garde les pouvoirs publics contre l'usage excessif de la force publique. Elles réclament, sans suite, l'ouverture d'enquêtes indépendantes pour établir les causes et les responsabilités dans les décès enregistrés le 8 décembre à Bamenda. La Commission des Nation Unies pour les droits de l'homme, qui comptabilise 8 morts durant les affrontements de Bamenda, exprime en vain le même souhait au gouvernement camerounais.

Le jeudi 22 décembre 2016, le Premier ministre met en place un autre comité ad hoc chargé cette fois d'examiner le fonctionnement de la Justice et de faire des recommandations de réformes. Le comité est présidé par Jean-Pierre Fogui, ministre délégué auprès du ministre de la Justice, Garde de Sceaux.

Le même jour, les évêques de la province ecclésiastique du Cameroun anglophone adressent un Mémorandum au président de la République au sujet de la crise anglophone[8]. Ils justifient leur initiative par la gravité et l'enlisement de la crise. Depuis le mois d'octobre, les établissements scolaires et les universités de leur province ecclésiastique sont en effet paralysés. Il en est de même pour les tribunaux. Les activités économiques sont au ralenti au Cameroun anglophone. Le dialogue entre les parties est au point mort. Ils saisissent cette occasion pour suggérer au président de la République, avec un document pédagogique, de reconnaitre la réalité et la nature politique du « problème anglophone » pour y apporter les solutions appropriées.

Le 27 décembre 2016, c'est-à-dire un mois après son réaménagement, le comité ad hoc présidé par le directeur de cabinet du Premier ministre convoque une réunion à Bamenda. Les syndicats des enseignants, membres du Consortium, conditionnent leur participation aux travaux à la libération des manifestants interpellés et détenus dans le cadre des affrontements intervenus lors des évènements des mois précédents. La réunion avorte. Le président du comité publie un communiqué empreint de menaces et de mises en garde envers les « *syndicalistes extrémistes qui ont refusé publiquement de prendre part aux travaux, pour des raisons n'ayant aucun rapport avec l'éducation*

---

[8] Mgr George Nkuo, évêque de Kumbo et président de la BAPEC ; Mgr Cornelius Fontem Esua, archevêque de Bamenda ; Mgr Emmanuel Bushu, évêque de Buea ; Mgr Andrew Nkea, évêque de Mamfe ; Mgr Agapitus Nfon, évêque de Kumba.

des jeunes Camerounais ». Il y affirme que le gouvernement prendra toutes les mesures nécessaires à la reprise des cours dans cette partie du pays au début du mois de janvier 2017.

L'enjeu premier de cette réunion est en effet la reprise des cours au 2e trimestre de l'année académique 2016/2017. Durant le 1er trimestre, il n'y a pratiquement pas eu cours dans tout le Cameroun anglophone. La menace d'une année scolaire blanche est la principale préoccupation des pouvoirs publics. Le Premier ministre s'est publiquement alarmé à ce sujet lors de son dernier déplacement au Cameroun anglophone. Ses appréhensions sont justifiées dans la mesure où le Consortium appelle désormais à l'organisation d'une opération « G*host towns* » (villes mortes) le lundi 9 janvier 2017, jour de la rentrée scolaire et universitaire du 2e trimestre de l'année académique 2016/2017.

L'année 2016 s'achève avec le traditionnel discours de vœux du président de la République à la nation. Il ne s'est pas publiquement exprimé sur cette crise depuis son commencement. Le 31 décembre 2016, à 20 heures, le pays est suspendu à ses lèvres[9] :

> *Mes chers compatriotes,*
>
> *Je voudrais maintenant m'appesantir sur les derniers événements survenus dans les régions du Nord-Ouest et du Sud-Ouest. Ces événements nous interpellent profondément dans notre chair et dans notre esprit.*
>
> *Par le fait d'un groupe de manifestants extrémistes, manipulés et instrumentalisés, des Camerounais ont perdu la vie ; des bâtiments publics et privés ont été détruits ; les symboles les plus sacrés de notre nation ont été profanés ; les activités économiques ont été paralysées momentanément.*
>
> *Tout cela, vous en conviendrez, est INACCEPTABLE.*
>
> *Les libertés politiques et syndicales sont effectives dans notre pays. Elles sont garanties et encadrées par nos lois et règlements.*
>
> *Dans ce cadre, chaque citoyen est bien fondé d'exprimer son opinion sur tout sujet de la vie nationale, y compris par l'observation pacifique d'un mot d'ordre de grève, dûment déclaré.*
>
> *Il s'agit d'un droit fondamental du citoyen, voulu par le peuple camerounais puisque garanti par la Constitution.*

---

[9] Extrait du Message du Chef de l'État à la Nation à l'occasion de la fin d'année 2016 et du nouvel An 2017.

> *Ce droit est inaliénable dans l'idéal démocratique que j'ai proposé au peuple camerounais et que, quotidiennement, nous construisons ENSEMBLE, patiemment et obstinément.*
>
> *Il n'est pas convenable que certains veuillent se servir de ce cadre de liberté pour poser des actes de violence et chercher à porter atteinte à l'unité de notre pays.*
>
> *En pareille circonstance, l'État a le devoir impérieux de rétablir l'ordre, au nom de la loi et dans l'intérêt de tous. Agir autrement, c'est compromettre notre démocratie ; c'est laisser l'anarchie s'installer à la place de l'État de droit.*
>
> *Je condamne de façon énergique tous les actes de violence, d'où qu'ils viennent, quels qu'en soient les auteurs. Nous tirerons toutes les conséquences des différentes enquêtes en cours à ce sujet. [...]*
>
> *Le peuple camerounais, comme un seul homme, s'est engagé à construire une nation unie, inclusive et bilingue. Il s'agit là d'une expérience unique en Afrique. Comme toute entreprise humaine, notre expérience n'est pas parfaite. Elle a des aspects perfectibles. Nous devons donc rester à l'écoute les uns des autres. Nous devons rester ouverts aux idées méliorative, à l'exclusion toutefois, de celles qui viendraient à toucher à la forme de notre État.*
>
> *En dehors des instances dont j'ai prescrit la création au gouvernement, et qui fonctionnent déjà, nous sommes prêts à aller plus loin. Nous sommes disposés, à la suite et dans l'esprit des artisans de la Réunification, à créer une structure nationale dont la mission sera de nous proposer des solutions pour maintenir la paix, consolider l'unité de notre pays et renforcer notre volonté et notre pratique quotidienne du VIVRE ENSEMBLE.*
>
> *Et cela, dans le strict respect de notre Constitution et de nos Institutions.*
>
> *Dois-je le redire ? LE CAMEROUN EST UN ET INDIVISIBLE ! Il le demeurera...*

Sur la crise en cours au Cameroun anglophone, le principal message est clair : la forme unitaire actuelle de l'État du Cameroun est non négociable.

Les réactions à ce discours de vœux du président de la République illustrent à merveille la résilience des héritages culturels français et anglais au Cameroun.

À l'écoute de ce discours, les ressortissants du Cameroun francophone se prosternent et disent en cœur :

« Amen ! La messe est dite ! »

Quant aux ressortissants du Cameroun anglophone, écoutons la réaction de Me Bernard Muna, ancien bâtonnier du Barreau du Cameroun. Peu de temps après le message de vœux du président de la République, il est publiquement interpellé à Bamenda sur l'affirmation selon laquelle le Cameroun et un et indivisible. Écoutons ses observations :

The president has says what he wanted.

He is not God.

The president of this country better wake up to be realy frank.

This country was united by plebiscite.

It was not one and undivisible.

It was united by the will of the people of the Southern Cameroon, not by the will of any other person. [...]

No liberty is gained by lying down and allowing walk on you.

Ces propos de Me Bernard Muna résument parfaitement l'accueil réservé à ce discours par les ressortissants du Cameroun anglophone.

En somme, le « Chef » a parlé !

So what ?

So be very careful sir !

La dérive répressive

La reprise des cours à la rentrée du 2e trimestre était le principal enjeu de la réunion du comité interministériel du 27 décembre 2016. Le rendez-vous du lundi 9 janvier 2017 est particulièrement attendu par les pouvoirs publics. Les appels à la reprise des cours se multiplient au début du mois de janvier y compris de la part des syndicats nationaux à l'exemple du Syndicat national des enseignants du supérieur (SYNES), et de la Fédération camerounaise des syndicats de l'Éducation (FECASE).

Le lundi 9 janvier 2017, la reprise des cours n'a pas lieu, et il règne de surcroît une atmosphère de ville morte à Bamenda et à Buea, les deux capitales régionales du Cameroun anglophone. De toute évidence, les mots d'ordre du Consortium sont suivis d'effet, ce qui conforte ses composantes dans la popularité de leurs revendications au Cameroun anglophone.

« *Le problème anglophone pourrait devenir le nouveau Boko Haram* »

Ce lundi 9 janvier 2017, David Abouem à Tchoyi, ressortissant du Cameroun francophone, ancien gouverneur dans les deux régions actuelles du Cameroun anglophone, ancien ministre de l'Enseignement supérieur, ancien secrétaire général de la Présidence de la République, fait paraître dans la presse une tribune remarquable et édifiante sur le « problème anglophone » au Cameroun[10]. Ce n'est pas un « *imposteur en quête de notoriété* » qui s'exprime. C'est une intelligence, une notoriété établie et respectée au Cameroun et à l'étranger.

Que dit-il ?

« *Le problème anglophone pourrait devenir le nouveau Boko Haram.* »

Avec ce titre, il souligne la réalité et la gravité potentielle du problème anglophone. En prolégomènes, l'acception du terme « anglophone » dans le contexte camerounais est précisée pour montrer qu'il n'y est pas réductible au parlé anglais. Il en vient ensuite à ce qui fonde la réalité du « problème anglophone » au Cameroun à travers 6 points qu'il liste et qu'il étaye longuement et brillamment :

1. *La critique de l'État centralisé ;*
2. *Le transfert des centres de décision à Yaoundé, loin des populations et de leurs problèmes ;*
3. *Le non-respect des engagements relatifs à la prise en compte, de manière équitable, des cultures et traditions institutionnelles, juridiques, administratives... héritées des anciennes puissances administrantes ;*
4. *Le non-respect des promesses solennelles faites pendant la campagne référendaire ;*
5. *Le changement du nom de l'État : remplacement de « La République Unie du Cameroun » par « La République du Cameroun » ;*
6. *Le non-respect du bilinguisme dans le secteur public, bien que la Constitution fasse du français et de l'anglais deux langues officielles d'égale valeur.*

Il termine son texte ainsi après avoir salué toutes les initiatives en cours destinées à promouvoir le dialogue, l'unité, et la paix :

---

[10]David Abouem à Tchoyi, *Le problème anglophone pourrait devenir le nouveau Boko Haram*, Cameroon-info.net, Publié le 9-01-2017.

> *Mais ne nous limitons pas au traitement de ce qui ne constitue que des manifestations, voire de simples symptômes. Abordons, dans toute sa complexité et toute sa profondeur, le problème anglophone. Avec courage et détermination, apportons-y des solutions satisfaisantes et convaincantes. Tous les citoyens de notre pays en bénéficieront. Pour la paix dans la justice. Pour le bien de la nation. Pour le salut de la patrie.*

L'argumentaire développé par l'ancien ministre conforte incontestablement celui du Consortium et celui de tous les dirigeants politiques et de tous les intellectuels camerounais qui interpellent le pouvoir en place depuis le commencement de cette crise sur la nécessité d'un dialogue inclusif dans la perspective d'une refondation démocratique des institutions politiques du pays. Il ébranle dans le même temps la posture des officiels qui ont en charge la gestion opérationnelle de cette crise.

Face à la tournure des évènements, le gouvernement consent à faire un geste en libérant 21 manifestants interpellés lors des affrontements du 8 décembre 2017 à Bamenda et détenus depuis à Yaoundé. C'est l'une des exigences du Consortium qui est ainsi partiellement satisfaite. C'est de bon augure pour le 2e round des négociations au sein du comité interministériel dédié aux enseignants. Les pourparlers démarrent à Bamenda le jeudi 12 janvier 2017, alors que la reprise des cours n'est toujours pas effective au Cameroun anglophone. Le lendemain, un attroupement inexpliqué de jeunes gens autour des bâtiments qui abritaient les travaux du comité interministériel oblige les forces de l'ordre à intervenir pour assurer la sécurité des représentants des parties en négociation. Une fois de plus, c'est l'affrontement et des émeutes avec leurs cortèges de victimes de part et d'autre. Le samedi 14 janvier 2017, les syndicats enseignants boycottent la réunion. Le même jour, le Consortium appelle à l'organisation d'une opération villes mortes pour le lundi 16 et le mardi 17 janvier 2017.

Dans un Communiqué de presse en date du 16 janvier 2017, le président du comité interministériel rend compte des causes de l'échec des négociations qui devaient conduire à la signature du communiqué levant le mot d'ordre de grève et appelant à la repise des cours. Malgré les réponses favorables apportées semble-t-il à la quasi-totalité de leurs revendications corporatistes[11],

---

[11] Dans son Communiqué, le président énumère les décisions d'ores et déjà prises par le gouvernement pour répondre aux revendications des syndicats enseignants : recrutement spécial et imminent de 1 000 enseignants bilingues ; intégration imminente d'instituteurs contractuels ; subvention additionnelle de 2 milliards de francs CFA aux établissements privés des cycles primaire et secondaire pour l'année scolaire 2016-/2017 ; etc.

les syndicats enseignants ont exigé ensuite la libération inconditionnelle des manifestants interpellés depuis le mois d'octobre 2016 au Cameroun anglophone et toujours détenus à Yaoundé ; et le retour à la Fédération. Le comité n'est pas compétent pour traiter de ces sujets. Autrement dit c'est un dialogue de sourds.

Le lundi 16 janvier 2017, l'opération villes mortes est un succès au Cameroun anglophone. C'est l'impasse politique. Depuis plus de 3 mois, le Cameroun anglophone est paralysé par des mots de grèves lancés entre autres par le Consortium, et des opérations villes mortes que celui-ci initie. Toutes les négociations entreprises par le gouvernement pour sortir de cette paralysie ont échoué. Il n'en faut pas plus pour que les conspirationnistes et les complotistes y voient des manœuvres délibérées de déstabilisation du pays qu'il faut réprimer en accréditant l'idée que l'exigence d'un retour à la Fédération cache en vérité un projet sécessionniste. C'est la théorie de « l'agenda caché » du Consortium. Les médias publics sont mis à profit pour faire la pédagogie de cette théorie.

L'ouverture de la saison répressive

Le mardi 17 janvier 2017, c'est l'ouverture officielle de la saison répressive. Le ministre de l'Administration territoriale et de la Décentralisation, René Emmanuel Sadi, publie un Arrêté qui interdit le *Cameroon Anglophone Civil Society Consortium* (CACSC) et le *Southern Cameroon National Council* (SCNC). L'association du Consortium avec le SCNC dans le même Arrêté d'interdiction n'est pas anodine au regard de la confusion entretenue à dessein sur le fédéralisme et le sécessionnisme.

Depuis la deuxième moitié des années 1990, le SCNC est une organisation à vocation politique qui est hors-la-loi au Cameroun en raison de son idéologie officielle séparatiste et de ses actes revendiqués de violence. Depuis 1997, ses activités au Cameroun sont ouvertement réprimées, et les Camerounais qui y participent sont incriminés, jugés et sévèrement condamnés.

Au mois de janvier 2017, le Consortium est, quant à lui, un regroupement composite d'organisations dont certaines sont dûment enregistrées. Certains de ses membres viennent de participer à des négociations officielles à la demande du gouvernement. Le Consortium vient de déclarer, dans une conférence de presse, qu'il condamne la violence sous toutes ses formes[12]. Ses dirigeants, comme ceux du SDF, parti légal au Cameroun, se déclarent favorables au fédéralisme.

---

[12] Cf. Press breifing – A call for greater self-discipline, CACSC, 17 janvier 2017.

D'où vient-il, que le Consortium, au même titre que le SCNC, dans le même acte administratif, soit accusé « *d'activités contraires à la Constitution et de nature à porter atteinte à la sécurité de l'État, à l'intégrité du territoire, à l'unité nationale et à l'intégration nationale...* » ?

La ficelle est grosse !

Les dirigeants du Consortium prennent connaissance de l'interdiction de leur organisation par le journal de 17 heures de la radio nationale. Ils reçoivent aussitôt après, disent-ils par une voie non officielle, l'information de leur arrestation imminente. Anticipant sur celle-ci, ils prennent la décision de transférer la direction de leur organisation à des ressortissants du Cameroun anglophone résidant à l'étranger[13]. Ils décrètent par ailleurs un mois de villes mortes du lundi au mercredi à compter du lundi 23 janvier 2017. Peu de temps après, Me Félix Kongho Agbor Balla et le Dr Fontem Aforteka'a Neba sont interpellés à Buea et transférés nuitamment à Yaoundé. Wilfried Tassang parvient à éviter l'arrestation et s'exile à l'étranger.

Le mercredi 19 janvier 2017, le ministre de la Communication, porte-parole du gouvernement, rend publique l'arrestation et la mise sous main de justice des dirigeants du Consortium entre autres. Le même jour, les ressortissants du Cameroun anglophone réalisent ce que de nombreux journalistes subodorent depuis la veille :

> Le réseau Internet est coupé au Cameroun anglophone.
>
> Mais pour quelle raison ?
>
> Parce que ceux qui de l'étranger ont entrepris de déstabiliser le pays utilisent le réseau Internet.
>
> Mais il nous a été dit qu'ils utilisent aussi les virements bancaires pour financer les activités criminelles de leurs complices établis au Cameroun.
>
> Va-t-on fermer les banques ?

Le jeudi 20 janvier 2017, Mancho Bibixy, un animateur de radio FM bien connu au Cameroun anglophone est interpellé à Buea et transféré à Yaoundé. Le même jour, une convocation banale de gendarmerie est servie à Paul Ayah Abine, ressortissant du Cameroun anglophone, Avocat général près la Cour suprême du Cameroun. Cette procédure cavalière, et manifestement illégale, s'agissant d'un magistrat de la Cour suprême, émeut le corps judiciaire par

---

[13] Cf. Press breifing – Transfert of Consortium operation to Europe and Month-Long Ghots Town, CACSC, 17 janvier 2017.

son caractère abusif[14]. Le samedi 21 janvier 2017, il est interpellé *manu militari* à son domicile de Yaoundé et détenu par les services de la gendarmerie. Cette arrestation boucle la semaine inaugurale du cycle répressif du gouvernement.

Gouverner sans mémoire est une pétition du régime en place au Cameroun. Entrevoir d'organiser un procès à connotation politique, avec à la barre, exclusivement des ressortissants du Cameroun anglophone, c'est desservir la cause de l'unité nationale que l'on prétend défendre. Au procès de décembre 1970 et janvier 1971, la quasi-totalité des prévenus sont des ressortissants de la province de l'Ouest. Au procès du mois de février 1984, la totalité des prévenus sont des ressortissants du Nord. Dans ces deux cas de figure, les ressortissants de l'Ouest et du Nord ont ressenti au sein de la nation, à tort ou à raison, un sentiment de stigmatisation collective. Que vont ressentir les ressortissants du Cameroun anglophone à l'issue des procès à venir ?

De l'avocat au haut magistrat, en passant par des enseignants et de nombreux « sans-culottes », la moisson est bonne. Mais le fruit est amer. Malgré les appels à la reprise des cours qui se multiplient parallèlement à ces arrestations, les établissements d'enseignement du Cameroun anglophone restent désespérément fermés, et les opérations villes mortes sont largement suivies. Par ailleurs les partis politiques de l'opposition et les organisations de la société civile camerounaise se mobilisent pour dénoncer cette dérive répressive aussi bien au Cameroun, qu'à l'étranger.

Le 23 janvier 2017, conformément à l'annonce faite dans son message de vœux du 31 décembre 2016, le président Paul Biya institue par décret une « Commission nationale pour la promotion du bilinguisme et du multiculturalisme » au Cameroun. C'est un organe consultatif placé sous l'autorité du président de la République. Sa dénomination indique son objet. Dans la foulée le ministre de la Justice, Garde des Sceaux, Laurent Esso, organise une cérémonie de remise à différentes administrations de certains textes juridiques traduits en anglais.

Cette politique du bâton et de la carotte est diversement appréciée. Comme la Conférence épiscopale de la province ecclésiastique du Cameroun anglophone au mois de décembre 2016, le Cardinal Christian Tumi intervient publiquement dans cette crise. Le 24 janvier 2017, une interview de lui est diffusée sur l'antenne de Radio France International (RFI). Il y condamne la dérive

---

[14] Le Code de procédure pénale du Cameroun prévoit un privilège de juridiction au magistrat de l'ordre judiciaire lorsque celui-ci est susceptible d'être inculpé d'une infraction. Art. 629 (1), Titre IX, CPP.

répressive du pouvoir et la criminalisation de l'expression de la préférence fédéraliste[15] :

> *Je suis contre toute interdiction.*
>
> *Tout le monde a quelque chose à dire, il faut les écouter.*
>
> *Il n'y a personne qui aime ce pays plus que d'autres, parmi nous les Camerounais. Même si les autres préfèrent un fédéralisme, qu'on en parle, pour voir ce qu'il y a de mieux pour tout le monde.*
>
> *Quand on réprime, ce n'est pas une solution. Il faut essayer de les convaincre.*
>
> *Bien sûr il y a un noyau qui va à l'extrême pour demander la séparation totale. Les extrémistes, il y en aura toujours. Mais la majorité des anglophones veut qu'on retourne là où on était, c'est-à-dire au fédéralisme. Ils ne veulent pas la séparation, pas du tout.*

À cette opinion, le gouvernement répond par la même voie de la façon suivante[16] :

> *La responsabilité de tout gouvernement au monde, en particulier celui du Cameroun est de préserver l'ordre public.*
>
> *Lorsqu'une poignée d'individus, par la violence, par l'insurrection, par la menace, prend toute une région en otage, il va sans dire que cela est inacceptable pour tout État de droit qui se respecte. [....]*
>
> *Toute personne qui incite aux villes mortes, à l'insurrection, tous ceux-là doivent s'attendre à répondre donc à la rigueur aux exigences des lois de la République. [....]*
>
> *Nous disons que le fédéralisme est un rétropédalage.*

Mais malgré la mise hors état de nuire de la poignée d'individus qui dit-on prenait en otage le Cameroun anglophone, celui-ci demeure paralysé deux semaines après. Leur procès est annoncé pour le début du mois de février au Tribunal militaire de Yaoundé. Les accusations portées contre eux sont particulièrement graves :

> *Actes de terrorisme, hostilité contre la patrie, sécession, révolution, insurrection, outrage au Président de la République, outrage aux*

---

[15] Interview du Cardinal Christian Tumi par Carine Frenk ; diffusée le mardi 24 janvier 2017 sur RFI.
[16] Interview du ministre Issa Tchiroma Bakary par Carine Frenk ; diffusée le mercredi 25 janvier 2017 sur RFI.

> *corps constitués et aux fonctionnaires, rébellion en groupe, guerre civile, propagation de fausses nouvelles, apologie de crimes.*

Et l'intelligence avec l'ennemi ? N'ont-ils pas reçu de l'argent de l'étranger ?

Il leur est en somme reproché de recourir à l'intimidation et à la terreur pour faire plier le gouvernement de la République. Au regard de la législation nationale, les prévenus sont passibles de la peine de mort avec ces accusations.

Dans le cadre de cette procédure judiciaire les dirigeants du Consortium constituent entre autres pour leur défense deux anciens bâtonniers du Barreau du Cameroun, ressortissants du Cameroun anglophone : Me Bernard Muna et Me Akere Muna. Ce sont les fils de feu Solomon Tandeng Muna, ancien vice-président de la République du Cameroun. Ils sont eux-mêmes des fédéralistes militants. De nombreux autres avocats du Barreau du Cameroun se déclarent disponibles pour plaider dans cette affaire qui met en cause l'un de leur confrère.

Comme de coutume au Cameroun dans les affaires judiciaires dont le gouvernement s'encombre et s'embarrasse, la première audience du procès des dirigeants du Consortium et autres prévue le 1er février est reportée sans explications au lundi 13 février 2017.

Dans le message qu'il adresse traditionnellement à la jeunesse le 10 février, le président de la République justifie sa ligne politique dans cette crise et sa dérive répressive[17] :

> *En dépit de ces efforts, les difficultés ont cependant persisté, notamment en raison de l'irruption de revendications politiques portées par des organisations extrémistes et séparatistes. Appelant à la haine et à la violence, ces organisations ont perpétré ou suscité de graves exactions dont ont été victimes des citoyens et leurs biens, de même que des édifices et services publics. Elles ont engagé une campagne d'intimidations, de menaces et de violences afin d'empêcher le déroulement normal des activités économiques et scolaires.*
>
> *Face à cette situation, le gouvernement a été amené à prendre des mesures pour maintenir l'ordre, assurer la sécurité des citoyens et de leurs biens et mettre à la disposition de la justice les auteurs et suspects des agissements criminels que je viens de mentionner. Cette action nécessaire va se poursuivre, dans le respect des lois et règlements de la République.*

---

[17] Cf. 51e édition de la Fête de la Jeunesse, Message du président de la République à la Jeunesse, Yaoundé le 10 février 2017.

À la reprise du procès, Me Félix Kongho Agbor Balla, le Dr Fontem Aforteka'a Neba sont parmi les prévenus qui sont à la barre. Après les procédures formelles d'usage, les deux plaident non-coupables au début de l'audience qui, au grand désespoir de la plupart des prévenus, se déroule exclusivement en français et sans traducteur. Un second renvoi est aussitôt prononcé pour le 23 mars 2017.

Le surlendemain, le ministre de la Communication fait le point sur cette affaire dans le cadre d'une conférence de presse qu'il donne à Yaoundé. On y apprend que 82 personnes ont été interpellées dans le cadre des manifestations au Cameroun anglophone. 21 ont été libérées. Parmi celles qui sont en détention, 31 comparaissent devant le Tribunal militaire de Yaoundé. Il rappelle la gravité des accusations portées contre les prévenus et les sanctions y afférentes prévues notamment dans la récente loi n°2014/028 du 23 décembre 2014 portant répression des actes de terrorisme. Il souhaite transmettre un message de fermeté et de détermination du gouvernement dans la résolution de cette crise.

L'escalade dans la répression

Au début du mois de mars, le Premier ministre se rend de nouveau au Cameroun anglophone. Le Consortium est interdit et ses dirigeants sont en détention, ou en fuite. Et pourtant la paralysie des activités scolaires, économiques et sociales demeure dans la région. Le climat d'insécurité et les menaces proférées aux populations par des groupuscules insaisissables et violents expliquent en partie cette situation. Mais cette paralysie est aussi et avant tout le fruit d'une adhésion réelle d'une partie non négligeable des ressortissants du Cameroun anglophone aux revendications politiques portées entre autres par le Consortium. Au regard de ses déclarations tout au long de sa tournée dans la région, l'unique préoccupation du Premier ministre c'est la reprise des cours. Il fait la pédagogie de cette exigence devant des parents qui en majorité ont à l'esprit des questions qu'ils n'osent pas lui poser :

> Où sont les avocats et les enseignants qui portaient les revendications de nos enfants ?
>
> Où sont nos enfants qui manifestaient à Buea et à Bamenda ?
>
> Qui s'occupe d'eux là où ils sont embastillés ?
>
> Pourquoi nos enfants n'ont plus droit à Internet comme tous les enfants du pays ?
>
> Pourquoi les forces de l'ordre répriment nos enfants avec autant de brutalité ?
>
> Pourquoi vous traitez nos enfants comme des terroristes ?

Le 16 mars 2017, le magistrat Paul Ayah Abine, interpellé et détenu depuis le 21 janvier 2017, est enfin entendu au Tribunal de grande instance de Yaoundé. Il a constitué pour sa défense : Me Maurice Kamto, ancien ministre et président du Mouvement pour la renaissance (MRC) ; Me Christopher Ndong et Me Kissop. Au sortir de cette première audience, ceux-ci ignorent les faits qui sont reprochés à leur client. Le même jour, Peter Mafany Musongue, ressortissant du Cameroun anglophone, ancien Premier ministre, est nommé à la Présidence de la Commission pour la promotion du bilinguisme et du multiculturalisme créée au mois de janvier 2016. Le président de la République nomme également David Abouem à Tchoyi comme membre de cette Commission.

Le lundi 20 mars 2017, une convocation judiciaire au secrétariat d'État à la Défense en charge de la gendarmerie nationale (SED) est directement servie à Me Akere Muna, ancien bâtonnier du Barreau du Cameroun. Étant indisponible pour la date du 22 mars 2017, celui-ci se propose, conditionnellement à la disponibilité du bâtonnier de l'Ordre des avocats qui est ainsi informé de la procédure judiciaire en cours contre lui, de se présenter au SED le vendredi 24 mars à 9 heures. Cette convocation aurait dû en effet être adressée au bâtonnier qui l'aurait notifiée à Me Akere Muna. Mais le respect des procédures n'est pas la préoccupation première des enquêteurs et des juges dans ce cycle répressif.

La nouvelle de la convocation de Me Akere Muna au SED a pour effet de mobiliser le Barreau du Cameroun. Ses membres ont tous à l'esprit l'arrestation du bâtonnier Black Yondo Mandengue au mois de février 1990. Les responsables de la gendarmerie nationale ont sans doute aussi cette « affaire » à l'esprit.

À l'époque, dans un contexte de multiplication des revendications politiques, Me Black Yondo Mandengue, ancien bâtonnier du Barreau du Cameroun, est interpellé le lundi 19 février 1990 à Douala, et détenu par les services du Centre national d'étude et de recherche (CENER). Très vite la nouvelle de son arrestation se répand au Cameroun et à l'étranger. On lui reproche de vouloir, avec d'autres Camerounais, créer un parti politique, ce qui n'était pas illégal à l'époque au regard l'article 3 de la Constitution du 2 juin 1972. Le Barreau du Cameroun, avec comme bâtonnier Me Bernard Muna, s'est alors saisi de cette « affaire » qui mettait en cause l'un de ses anciens bâtonniers. Devant la tournure inattendue des évènements, c'est en définitive l'atteinte à la sûreté de l'État, et non la création de partis politiques qui est retenue comme chef d'accusation contre les infortunés. On leur reproche à l'époque d'avoir tenu des réunions clandestines, confectionné et diffusé des tracts hostiles au régime, outrageants à l'endroit du président de la République, et incitatifs à la révolte.

Le mardi 27 mars 1990, à trois jours de l'ouverture de leur procès, le Barreau du Cameroun avait tenu une session extraordinaire de son assemblée générale dans une atmosphère exaltée. Il s'agissait d'arrêter la position officielle du conseil de l'ordre dans cette « affaire ». À l'issue de ses travaux, l'assemblée générale avait adopté une résolution qui soulignait et condamnait les vices de forme observés lors de l'arrestation de Me Black Yondo Mandengue[18].

Le Barreau avait saisi l'occasion de cette assemblée générale extraordinaire pour exiger l'abrogation sans délai de l'Ordonnance n° 62-OF-18 du 12 mars 1962 ; la suppression des détentions administratives et de tous les autres procédés tendant à la suppression des libertés et qui échappaient au contrôle de l'Autorité judiciaire. ; la libération de tous les citoyens arrêtés et détenus dans les conditions sus évoquées ; et la libération immédiate et sans condition de toute personne ayant purgé sa peine. Il avait par ailleurs décidé de se constituer collectivement pour la défense de Me Black Yondo Black Mandengue et ses codétenus. Mais au-delà de ces aspects proprement judiciaires, le Barreau, à l'initiative de son bâtonnier de l'époque, Me Bernard Muna, s'était de fait investi d'une mission politique :

> *La maladie elle-même, c'est le manque des droits de l'homme et d'une société démocratique, et la vraie question est de savoir pourquoi les Camerounais doivent recourir aux tracts anonymes et aux réunions clandestines pour exprimer leur opinion sur la façon dont ils sont gouvernés ou pour énoncer leur désaccord avec la politique du gouvernement.*
>
> *J'ai la conviction que le problème important ici est celui des Droits de l'homme ; j'ai aussi la conviction qu'il est du devoir du Barreau camerounais de défendre les Droits de l'homme et des citoyens.*[19]

Dans ce contexte, le Tribunal militaire de Yaoundé est apparu au Barreau comme une plateforme de défense et de promotion des Droits de l'homme et de la démocratie au Cameroun. Pour marquer leur solidarité envers les accusés et leur détermination dans la défense des valeurs de liberté et de démocratie, une grève des plaidoiries est alors décrétée à l'époque jusqu'à la fin du procès.

Quelle va être l'attitude de Me Jackson Ngnié Kamga, l'actuel bâtonnier ?

Quelle va être l'attitude du Barreau du Cameroun ?

---

[18] L'article 20 de la loi n° 87-018 du 15 juillet 1987 déterminait les circonstances dans lesquelles l'étude d'un avocat pouvait faire l'objet d'une perquisition (Existence d'une information judiciaire ouverte contre l'avocat ; Existence d'une poursuite pénale contre l'avocat ; etc.).
[19] Extrait discours d'ouverture de Me Bernard Muna, bâtonnier de l'ordre des avocats, à l'assemblée générale extraordinaire du barreau du Cameroun du 27 mars 1990.

Quelle va être l'attitude du pouvoir en place ?

Le 24 mars au matin Me Akere Muna se rend comme annoncé à sa convocation au SED. L'audition n'est pas publique. À son terme il en rend compte à travers un post :

> *[...] Vendredi 24 mars, je me suis rendu au SED accompagné du bâtonnier de l'Ordre des Avocats du Cameroun, de quatre anciens bâtonniers du Cameroun, ainsi que de nombreux avocats au Barreau du Cameroun. À mon arrivée, j'ai trouvé plus d'une centaine d'avocats qui attendaient déjà à l'extérieur du SED et qui ont continué d'attendre pendant tout le temps que je me faisais interroger par un lieutenant de la gendarmerie nationale.*
>
> *Les accusations portées contre moi sont les suivantes : hostilité contre la patrie ; apologie du terrorisme ; sécession ; révolution ; insurrection ; atteinte à la sécurité de l'État.*
>
> *Elles découleraient de deux articles que j'ai écrits et qui ont été publiés dans le quotidien Le Jour.*
>
> *Le 1er publié le 19 décembre 2016 et intitulé « La nature inévitable du changement », portait sur l'inutilité d'une résistance au changement.*
>
> *Quant au second article, il a été publié le 10 janvier 2017 sous le titre « Le Cameroun est Un et indivisible : Quel Cameroun ? » Il portait sur les questions relatives à l'unité de notre pays.*
>
> *L'enquête à proprement parler, a été initiée par le commissaire du gouvernement du Tribunal militaire. [...]*

Ces accusations sont pratiquement les mêmes que celles qui sont retenues contre les dirigeants du Consortium. Mais à l'inverse de ces derniers, Me Akere Muna n'est pas arrêté à l'issue de son audition. Comprenne qui pourra.

Quoi qu'il en soit, le message est clair : dans le contexte de la crise anglophone, le gouvernement veut criminaliser l'expression, sous toutes ses formes, d'une préférence politique pour le fédéralisme. Il le fait à l'appui d'une loi dite anti-terroriste, qui par maints aspects, est bien plus répressive des libertés que la défunte Ordonnance n° 62-OF-18 du 12 mars 1962 qui portait répression de la subversion. Il le fait aussi en assujettissant et en instrumentalisant la Justice dans des proportions rarement atteintes dans l'histoire de l'État du Cameroun. Sourd à toutes les protestations contre cette dérive autoritaire et répressive, le gouvernement campe dans ses certitudes et poursuit en vain son traitement symptomatique de la crise.

À la fin du mois de mars, le ministre de la Justice rend compte des instructions qu'il a reçues du président de la République en réponse aux problèmes posés par les avocats ressortissants du Cameroun anglophone : recensement des magistrats d'expression anglaise en vue d'augmenter leur effectif au sein de la haute juridiction ; redéploiement des magistrats en tenant compte du critère linguistique ; poursuite de l'uniformisation des matières dans les universités anglophones en respectant les spécificités de la *Common law* ; création d'une Faculté des sciences juridiques et politiques à l'université de Buea ; création de départements d'*English law* dans les universités de Douala, Maroua, Ngaoundéré et Dschang ; création d'une section de la *Common law* à l'École nationale d'administration et de magistrature (ENAM). Dans le même temps, le bâtonnier Jackson Ngnié Kamga, à la suite de deux réunions du conseil de l'Ordre, lance aussi en vain un appel à la levée du mot d'ordre de grève à ses confrères ressortissants du Cameroun anglophone.

Comme pour envenimer l'atmosphère, le 12 avril 2017, à quelques jours de la rentrée du 3e trimestre, une citation directe à comparaitre devant le Tribunal de grande instance de Bamenda est servie à Mgr Corneluis Fontem Esua, archevêque de Bamenda ; à Mgr Mickael Bibi, son auxiliaire ; et à Mgr Georges Nkuo, évêque de Kumbo. Des associations de parents d'élèves leur reprocheraient d'inciter à la grève dans les établissements confessionnels. Leur comparution est prévue le 21 avril 2017. Les fidèles sont invités à venir massivement ce jour au Tribunal pour soutenir leurs évêques face à cette procédure dont l'initiative est attribuée au pouvoir en place. Sur le plan symbolique, il y a péril en la demeure. Mgr Samuel Kleda, le président de la Conférence épiscopale nationale s'insurge contre ceux qui veulent imputer à l'église catholique du Cameroun, la responsabilité de la crise qui sévit au Cameroun anglophone depuis maintenant 6 mois. Finalement, sans la moindre explication, la date de la comparution est reportée *sine die*.

Le 20 avril 2017, après 3 mois d'interruption, le président de la République décide de rétablir le réseau Internet au Cameroun anglophone.

Alors ! Qu'est-ce qu'on dit ?

L'inefficacité des traitements symptomatiques

Malgré toutes les mesures présidentielles et gouvernementales prises, malgré le Message des évêques du Cameroun du 29 avril 2017[20], aucune normalisation n'est toujours visible au Cameroun anglophone. Le SDF et d'autres partis

---

[20] Le 29 avril 2017, la Conférence épiscopale nationale du Cameroun publie un Message à l'issue d'une réunion tenue à Yaoundé. Dans ce Message les évêques du Cameroun appellent entre autres à la reprise des cours et à la fin des villes mortes.

de l'opposition invoquent cette impasse pour appeler au boycott de la fête nationale du 20 mai qui célèbre l'avènement de l'État unitaire.

Au début du mois de juin, le Tribunal militaire de Yaoundé rejette la demande de mise en liberté provisoire des dirigeants du Consortium formulée quelques mois plus tôt par leurs avocats. Le Réseau des défenseurs des droits de l'Homme et des peuples (REDHAC) rend public un rapport faisant état d'un nombre de détenus, en rapport avec la crise au Cameroun anglophone, bien plus élevés que les chiffres officiels. Certains d'entre eux, détenus depuis 6 mois, n'auraient jamais été identifiés, ni auditionnés par la Justice. Tous ces abus alimentent l'argumentaire d'une campagne de dénonciation menée entre autres par des organisations non gouvernementales au niveau international. Au début du mois d'août 2017, le gouvernement entreprend de contrecarrer ces initiatives en missionnant des délégations à l'étranger et auprès des Nations unies[21].

Le 12 août 2017, Me Akere Muna adresse une lettre ouverte à ses compatriotes du Cameroun francophone. Il intitule sa lettre : *Le caractère indivisible de la liberté*.

Dans cette lettre Me Akere Muna interpelle ses compatriotes du Cameroun francophone sur leur insensibilité face à l'injustice dont serait l'objet les prévenus jugés dans le cadre de la crise anglophone[22] :

> *Il s'agit d'un procès dans lequel tous les accusés sont des anglophones et tous ceux qui les jugent sont des francophones.*
>
> *Deux courageux haut gradés en tenue, sachant bien les éventuelles conséquences de ne pas se conformer, et faisant fi de toute menace qu'ils pourraient subir face au régime en place, ont dit la vérité en déclarant qu'ils n'avaient pas vu ces prévenus commettre les actes de violence qui auraient été perpétrés, et pour lesquels ces personnes étaient poursuivies. Ces témoins clés qui ont ouvert la célèbre affaire ont-ils alors pu faire libérer ces compatriotes en faisant cette déclaration ? Que non, ceux-ci croupissent encore dans les geôles.*
>
> *Ils ont été arrêtés pour avoir revendiqué leurs droits, et avoir marché pacifiquement pour des meilleures conditions de travail dans leur corporation et pour un mieux-être pour tous. Ils l'ont fait en proclamant leur citoyenneté, citoyenneté qu'ils croyaient leur conférer le droit à la liberté d'expression, le droit à la protection et leur garantir une solution à leurs revendications. Au contraire, ils ont rencontré en*

---

[21] Aux Etats-Unis, en Europe, et en Afrique du Sud.
[22] Akere T. Muna, Deuxième Lettre à mes Sœurs et Frères Francophones, 12 août 2017.

face une répression sans précédent, des arrestations, des transferts et un procès qui a pris huit mois pour commencer seulement. Et sans aucune issue en vue...

Au lieu d'être les citoyens dont ils se targuaient être, ils se font désormais appeler anglophones, terroristes et sécessionnistes. Tout autre Camerounais, qu'il soit francophone ou anglophone, aurait pu soulever le problème de l'injustice et de la mal gouvernance. C'est un mal qui prend de l'ampleur dans notre société. Si vous et moi sommes libres, c'est juste parce que nous nous sommes résignés à la situation actuelle.

Nous en sommes arrivés à accepter qu'il est normal que certains détournent les fonds publics sans être appelés à rendre compte, que certains abusent de leurs pouvoirs et pratiquent le népotisme à ciel ouvert, tout en donnant des leçons de patriotisme à d'autres, cherchant ainsi à nous distraire de cette réalité, et de nous diviser par l'étiquetage et la stigmatisation.

Même le Commissaire du Gouvernement téméraire du Tribunal militaire qui avait suivi cette affaire depuis le début a été affecté à Ebolowa. Est-ce parce qu'il avait refusé de s'opposer à la libération sous caution ? Est-ce parce qu'il s'était accroché au Code de procédure ? C'est ce Code qui garantit vos droits et les miens ? [...]

Le juge Ayah Paul, membre de la plus haute juridiction de notre pays, mon camarade de lycée, (que de façon tout à fait prémonitoire nous appelions « juge incorruptible » après une pièce de théâtre dans laquelle il jouait le rôle du juge, et n'étions alors âgés que 16 ans) aura passé plus de 200 jours de détention. Nous ignorons encore pourquoi.

Bon nombre de Camerounais anglophones comme francophones, des leaders respectables dans notre société, des responsables du Barreau de nombreux pays, des officiels des Nations unies, de International Crisis Group, de l'Union africaine et de plusieurs autres organisations ont plaidé pour la libération de ces victimes qui se battent pour notre liberté.

Lors de la messe de requiem en la mémoire Mgr Jean-Marie Benoit Bala (un autre cas mystérieux dans notre pays), un ministre de culte a déclaré dans son homélie : « Le vrai pouvoir n'est pas violent, le vrai pouvoir construit la paix, le vrai pouvoir construit le développement de la nature sacrée du genre humain ». [...]

> *Dans cette homélie poignante, le Révérend Père Joseph Akonga Essomba a poursuivi : « Dans cette vie, il y en a qui sont considérés comme des fous du fait qu'ils ne se soucient pas d'eux-mêmes, mais de l'importance de leur mission ici-bas ».*
>
> *Est-ce pour cette raison que ceux qui se battent pour nos libertés et notre bien-être sont taxés de terroristes ? Y a-t-il des personnes qui se sentent menacées et terrifiées par la vérité ?*
>
> *Mes sœurs et frères francophones, je dis ceci : il est temps de proclamer l'indivisibilité de la liberté. En tant que nation, nous sommes vous, et vous êtes nous. Je ne prendrais pas de détours pour dire que je suis francophone, si cela signifie s'identifier à ce qui est juste et qui contribue à la construction de notre société. J'invite tous les francophones qui auront lu cet article pour relayer via leurs réseaux sociaux, ce message unificateur en ces temps de crise : « Je suis anglophone ». Ce message viendra confondre et intriguer tous ceux qui veulent nous diviser pour leurs intérêts personnels égoïstes. [...]*

Cet appel à la fraternité est-il encore audible ? La radicalisation de certains groupuscules du Cameroun anglophone est désormais un fait. Ils brûlent le Drapeau du Cameroun ; ils brûlent des édifices publics ; ils s'attaquent à des représentants de l'État ; ils se constituent en bandes armées ; ils prônent la lutte armée pour arracher la séparation du Cameroun anglophone. Dans la mesure où les partisans du fédéralisme et les séparatistes ont la même souche historique, la confusion est réelle.

L'adoption et la publication de « La déclaration de Buea » à l'issue de la *All Anglophone Conference* (ACC) organisée du 2 au 3 avril 1993 à Buea marquent la naissance d'un mouvement politique autonomiste au Cameroun anglophone. Ce texte prône le retour au fédéralisme à 2 États. Du 29 avril au 2 mai 1994, un 2e round de l'ACC se tient à Bamenda. Elle est suivie de « La proclamation de Bamenda » qui prône la séparation (*Option zéro*) si le retour au fédéralisme ne se réalise pas dans un délai raisonnable. Le SCNC est une émanation de cette conférence. C'est un organe mis en place au mois d'août 1994 pour promouvoir et défendre l'*Option zéro*. À sa mise en place, il est présidé par Me Sam Ekontang Elad, l'un des organisateurs de la ACC.

Dans un premier temps, le lobbying aux niveaux national et international est le mode opératoire du SCNC pour promouvoir sa cause. L'une de ses premières initiatives à cet effet est le dépôt, au mois de juin 1995, d'une pétition au secrétariat général des Nations unies pour solliciter son appui dans la cause de l'indépendance du Cameroun anglophone rebaptisé aujourd'hui la République d'Ambazonie par certains de ses dirigeants.

Au mois de mars 1997, une attaque armée contre des forces de l'ordre à Bamenda est officiellement attribuée au SCNC. À la suite de ces évènements, les activités du SCNC sont interdites et réprimées au Cameroun. Ses initiatives au Cameroun se limitent dès lors à des appels plus ou moins suivis au boycott des manifestations officielles du 20 mai (fête de l'unité) ou du 11 février (fête de la jeunesse). Ces dernières années, le SCNC revendique la lutte armée au service de sa cause. La crise anglophone est une aubaine pour le SCNC. Il est possible que cette organisation ait, par des actes de violence délibérée, parasité les rounds de négociation entre le Consortium et le gouvernement.

L'arrêt des poursuites contre les « terroristes »

Le 30 août 2017, c'est-à-dire à quelques jours de la rentrée scolaire 2017/2018, le président de la République ordonne l'arrêt des poursuites pendantes devant le Tribunal militaire de Yaoundé contre les dirigeants du Consortium et d'autres prévenus dans le cadre de la crise anglophone.

Alors ! Qu'est-ce qu'on dit ?

C'est une vraie mesure d'apaisement et de sagesse. Mais les bénéficiaires de cette mesure ne remercient pas le président de la République. Croyants, ils rendent grâce à Dieu. Habités d'un profond sentiment d'injustice ils retrouvent leurs familles respectives avec le même leitmotiv : le combat continu. La lettre de remerciement que Me Félix Kongho Agbor Balla adresse à tous ceux qui les ont soutenus dans ce combat illustre leur état d'esprit. Elle se termine en ces termes :

> *Nous sommes là où nous sommes aujourd'hui parce que le statu quo est inacceptable.*
>
> *Une nouvelle génération est née et est prête à prendre le contrôle de sa destinée. Les dirigeants de tous les côtés ont l'obligation morale de se réunir et de s'attaquer aux griefs du peuple afin que nous puissions forger de nouvelles obligations qui nous permettent à tous de vivre dans la liberté, la paix et la prospérité.*
>
> *Encore une fois, alors que nous apprécions pleinement ce qui nous attend, notre préoccupation immédiate reste de libérer nos frères de prison et de veiller à ce que ceux qui sont en exil, de peur de leur sécurité, rentrent chez eux. Donc, aujourd'hui, mes frères et sœurs, je fais non seulement un service d'action de grâce, mais surtout je propose des prières pour les personnes en prison, les personnes en exil et les vies perdues dans ce conflit.*

> *Encore une fois, je crois que lutter contre l'injustice et la marginalisation de la minorité anglophone est juste. Et c'est le moment de le faire correctement. Je n'ai jamais été plus engagé.*
>
> *Merci et que Dieu vous bénisse.*

Leur état d'esprit est compréhensible. Voilà des hommes qu'on a présentés comme des terroristes, qu'on a délibérément livrés à la vindicte populaire, dont certains ignorent ce qu'on leur reproche, et à qui on a ôté plus 8 mois de liberté. Du jour au lendemain on leur dit, sans la moindre explication, et sans sanctionner les responsables : vous êtes libres !

Considérer que la liberté des citoyens est une banale variable d'ajustement politique contrevient gravement aux droits élémentaires de l'homme.

Le 4 septembre 2017, la rentrée scolaire est timide mais prometteuse au Cameroun anglophone. La plupart des organisations gouvernementales et non gouvernementales appellent à la reprise des cours. Seules les organisations séparatistes qui se sont radicalisées depuis le début de la crise s'opposent à l'apaisement et à la normalisation. Pour parvenir à leurs fins elles multiplient les opérations violentes qui poussent les familles à retenir leurs enfants à domicile. D'autres familles prennent la décision de scolariser leurs enfants dans des établissements bilingues au Cameroun francophone.

Les manifestations du 22 septembre et du 1er octobre 2017

Le 11 septembre 2017, une bombe artisanale explose tôt le matin dans la ville de Bamenda sans faire de victimes. Une semaine plus tard, 2 autres bombes artisanales explosent à Bamenda sans faire de victimes. Des incendies de bâtiments sont signalés dans des établissements scolaires. Le 21 septembre 2017 une autre explosion de bombe artisanale blesse gravement 3 policiers. Malgré le couvre-feu instauré de fait à Bamenda après ces explosions, des marches publiques sont annoncées dans plusieurs villes du Cameroun anglophone pour le lendemain, vendredi 22 septembre 2017. Le choix de cette date serait justifié par le fait qu'elle correspond à la date d'intervention du président de la République à la Tribune des Nations unies dans le cadre de la 72e session de l'Assemblée générale des Nations unies. Attribuée aux séparatistes, ces marches sont redoutées par les pouvoirs publics.

Le vendredi 22 septembre 2017, des foules impressionnantes envahissent les rues dans plusieurs villes du Cameroun anglophone. Elles brandissent des pancartes avec des revendications politiques dont celle de l'indépendance du Cameroun anglophone. Elles sont dans l'ensemble pacifiques, et même encadrées par les forces de l'ordre. Certaines d'entre elles connaissent des violences d'une extrême gravité. On dénombre des civils tués par balles, un poste de gendarmerie incendié, de nombreux blessés.

L'ampleur des manifestations du 22 septembre 2017 décrédibilise ta thèse officielle qui incrimine « une poignée d'individus » dans cette crise anglophone. Celle-ci est bien ancienne, profonde et politique. Toutes les revendications corporatistes sont des manifestations de la crise. Elles n'en sont pas la cause. Les traitements symptomatiques soulagent temporairement. Ils ne guérissent pas durablement. Il faut l'admettre pour envisager de sortir de cette crise.

À l'approche de la date du 1er octobre, les autorités renforcent les mesures de sécurité. Les organisations séparatistes se préparent disent-elles, à proclamer l'indépendance du Cameroun anglophone à cette date. Le couvre-feu est instauré de fait pour 72 heures à compter vendredi 29 septembre 2017. Les déplacements inter-régionaux sont strictement interdits sur cette période. Les rassemblements de plus de 4 personnes sont également strictement interdits. Il en est de même pour la circulation des motos-taxis. Les frontières terrestres et maritimes sont fermées. Les forces de l'ordre sont en alerte maximale. Les médias publics mettent en garde les populations sur les risques encourus en cas d'infractions aux dispositions du couvre-feu. Anticipant sur les troubles à venir, des familles entières quittent le Cameroun anglophone.

Le dimanche 1er octobre 2017, des milliers de manifestants, particulièrement jeunes, bravent les interdits administratifs et envahissent les rues des principales villes du Cameroun anglophone. Mais les organisations séparatistes ne parviennent pas à leur fin. Des affrontements sont enregistrés dans plusieurs villes entre manifestants et forces de l'ordre. On dénombre plus d'une dizaine de morts et de blessés à l'issue de ces affrontements. Une répression féroce et abusive s'abat sur le Cameroun anglophone. Elle se poursuit tout au long de la première semaine du mois d'octobre 2017 suscitant une grande émotion, aussi bien au Cameroun qu'à l'étranger.

L'usage excessif de la force publique

Les réactions sont nombreuses. Celle de la Conférence épiscopale du Cameroun (CENC) résume le sentiment général[23] :

> *2) Cette situation préoccupante nous inquiète et nous interpelle autant que tous les Camerounais. Elle montre que les tensions et clivages s'exacerbent. Les revendications à caractère sécessionnistes et les violences qui ont marqué les journées du 22 septembre et du 1er octobre 2017, entrainant la mort de nos compatriotes, montrent à quel point la construction de l'unité nationale est mise à rude épreuve dans notre pays.*

---

[23] Communiqué du CENC, Yaoundé le 6 octobre 2017.

Me Félix Kongho Agbor Balla, dont l'arrestation et la libération ont renforcé le statut de nouveau leader, condamne l'usage excessif de la force contre des manifestants non violents :

> *Le meurtre et la violence doivent s'arrêter !*
>
> *Je condamne fermement l'usage disproportionné et excessif de la force sur des Camerounais aux mains nues. Une répression sauvage qui a entraîné des décès signalés ici et là. Je demande donc au gouvernement de mener des enquêtes appropriées et de punir toutes les forces de sécurité qui ont abusé de leur position dominante pour abattre comme des gibiers, des manifestants pacifiques. [...]*
>
> *Nous avons observé avec consternation que, dans l'exercice de leur droit constitutionnel de protester pacifiquement, nos frères et sœurs anglophones ont été violentés, violés ou tués par des éléments des forces de sécurité, qui ont excessivement fait usage de leurs armes sur les manifestants pacifiques.*

On retrouve la même condamnation des violences et de l'usage excessif de la force publique dans la réaction d'Amnesty International[24] :

> *Les arrestations ont eu lieu dans plusieurs villes des régions anglophones.*
>
> *À Bamenda, capitale de la région du Nord-Ouest, au moins 200 personnes ont été arrêtées et la plupart ont été transférées à la prison de Bafoussam.*
>
> *À Buea, capitale de la région du Sud-Ouest, au moins 300 personnes ont été arrêtées depuis les manifestations du 1er octobre, notamment dans le cadre d'une série d'arrestations arbitraires massives entre le 6 et le 8 octobre.*
>
> *Dimanche 8 octobre, les policiers ont arrêté jusqu'à 100 personnes qui se rendaient à l'église dans le quartier Mile 16, à Buea, et sont entrés dans le bâtiment pour arrêter le personnel de l'église. Certaines de ces personnes ont été relâchées.*
>
> *Les forces de sécurité, notamment l'armée – dont le déploiement aux fins de maintien de l'ordre devrait rester une mesure prise à titre exceptionnel en situation d'urgence – ont recouru à une force excessive ou injustifiée lors des arrestations et ont détruit des propriétés et pillé des biens.*

---

[24] Amnesty International, Communiqué de presse, 13 octobre 2017.

> *Le 3 octobre, à Buea, un policier a lancé une grenade lacrymogène dans un véhicule où se trouvait une dizaine de manifestants, qui ont dû briser la vitre pour pouvoir respirer. Dans tous les cas recensés par Amnesty International, les autorités ont procédé aux arrestations sans mandat. Des témoins ont raconté que les prisons ne cessent de se remplir depuis cette vague d'arrestations.*
>
> *À Buea, la population carcérale est passée d'environ 1 000 détenus avant le 22 septembre à environ 1 500 aujourd'hui. À Buea, dans un centre de détention géré par le Groupement mobile d'intervention (GMI), une unité de police mobile, les détenus seraient « entassés comme des sardines ».*

Me Charles Nguini, président de Transparency International Cameroon, condamne également les violences, en appelle à une profonde régénération politique dans le pays, et exhorte le président de la République à « renouer un authentique dialogue politique inclusif » pour ce faire[25] :

> *Transparency International Cameroon condamne l'ensemble des violences et exactions, d'où qu'elles viennent, issues des évènements survenus depuis 2016 dans les régions du Nord-Ouest et du Sud-Ouest ;*
>
> *Affirme que de la meilleure des réponses aux préoccupations actuelles dépend la survie de la nation camerounaise qui restera toujours à parfaire ;*
>
> *Réaffirme aujourd'hui, de nouvelles conditions appelant une nouvelle mutation, que la situation nécessite une profonde régénération politique, sociale et culturelle ;*
>
> *Exhorte le Chef de l'État, garant des institutions et de la paix sociale, de renouer un authentique dialogue politique inclusif, expression démocratique permettant à toutes les composantes de la société de faire entendre leur voix, et de renforcer la légitimité desdites institutions par un consensus sur leur bon fonctionnement.*

Dans une Interview donnée à RFI, Me Akere Muna livre des clés de compréhension du soulèvement populaire observé le 1er octobre 2017 au Cameroun anglophone. D'après lui, l'interdit prononcé *ex abrupto* sur le débat de la forme de l'État radicalise les ressortissants du Cameroun anglophone et en particulier les jeunes générations qui glissent progressivement et majoritairement dans le séparatisme. La mauvaise gouvernance et l'impéritie des responsables en charge de la résolution de cette crise lui apparaissent comme

---

[25] Transparency International Cameroon, Déclaration publique, Yaoundé le 7 octobre 2017.

déterminants dans les manifestations graves du 1er octobre 2017. Il en appelle au dialogue et à l'avènement d'une nouvelle République pour préserver l'unité nationale :

> *Il est temps que les Camerounais se rendent compte que notre unité est garantie par la naissance d'une nouvelle République.*

Quelques jours après cette Interview, Me Akere Muna rend publique sa déclaration de candidature à l'élection présidentielle prévue en 2018 par la Constitution du Cameroun. Cette déclaration est faite le 8 octobre 2017 dans des formes inédites au Cameroun. En effet, c'est à travers un enregistrement vidéo diffusé sur les réseaux sociaux que Me Akere Muna déclare sa candidature à l'élection présidentielle. Décidément, ces réseaux sociaux sont vraiment des vecteurs de subversion. Plutôt que de rétablir le réseau Internet au Cameroun anglophone, on aurait dû étendre son interdiction à l'ensemble du terri-toire national. Voilà que ce réseau « maudit » offre l'opportunité à un citoyen accablé des accusations[26] les plus graves d'adresser au peuple souverain une demande reconventionnelle[27] :

> *Notre pays se trouve aujourd'hui au carrefour de son histoire.*
>
> *À présent, nous devons marcher Vers une Nouvelle République.*
>
> *Une Nouvelle République qui trouve sa force dans la diversité ;*
>
> *Une Nouvelle République fondée sur la bonne gouvernance ;*
>
> *Une Nouvelle République bâtie sur l'État de droit ;*
>
> *Une Nouvelle République inspirée par la volonté du peuple ;*
>
> *Une Nouvelle République caractérisée par une Union que nous devons définir ;*
>
> *Une Nouvelle République sans tolérance pour la corruption, le tribalisme, le népotisme et le favoritisme ;*
>
> *Une Nouvelle République qui réaffirme le droit à la justice pour tous, à la santé pour tous, et à l'éducation pour tous. [...]*
>
> *Je vous invite à adhérer au Mouvement NOW ! et de prendre part à l'avènement d'une Nouvelle République. [...]*

---

[26] Convoqué au SED le 24 mars 2017, Me Akere Muna a pris connaissance des accusations que l'État du Cameroun portait contre lui : « hostilité contre la patrie ; apologie du terrorisme ; sécession ; révolution ; insurrection ; atteinte à la sécurité de l'État. »
[27] Me Akere Muna, Discours d'annonce, 8 octobre 2017.

> *Ceux qui pensent qu'ils ont réussi à nous endormir doivent se rendre compte que nous sommes toujours éveillés.*
>
> *Ceux qui pensent que nous devons vivre dans la peur doivent se rendre compte que désormais nous nous battons pour nos droits et pour notre pays.*
>
> *Notre pays doit demeurer uni de par sa diversité et non pas diviser par celle-ci. [...]*

En somme, M Akere Muna propose à ses concitoyens ce que le pouvoir en place leur refuse : une Nouvelle République. C'est astucieux. En période électorale, la thématique du changement, synonyme de progrès, est toujours plus attrayante que celle du *statu quo*, synonyme d'archaïsmes. Par ailleurs, la perspective d'une Nouvelle République dans cette conjoncture de crise anglophone trouve un auditoire réceptif non seulement auprès des ressortissants du Cameroun anglophone qui aspirent au fédéralisme, mais également auprès des ressortissants du Cameroun francophone qui reconnaissent volontiers les dysfonctionnements et les imperfections de la République actuelle. En attendant que le destin rende son verdict sur les élections présidentielles, le Cameroun anglophone est à l'arrêt.

Le 13 octobre 2017, le Premier ministre rend public un Communiqué indiquant que le président de la République missionne des élites du Cameroun anglophone 15 au 24 octobre 2017 à l'effet de porter un message de paix dans leurs régions respectives et de dialoguer constructivement avec les populations. Après les Comités interministériels, les missions à l'étranger, voici venues les délégations d'élites du Cameroun anglophone. L'accueil qui leur est réservé chez elles n'est pas meilleur[28] :

> *Suite à la décision du gouvernement d'envoyer une délégation d'élites visiter et dialoguer avec la population des régions du Nord-Ouest et du Sud-Ouest, nous condamnons fermement, rejetons et nous dissocions de ces visites.*
>
> *Les meurtres, les arrestations et les violences du 22 septembre et du 1er octobre auraient été évités si le droit fondamental des manifestations pacifiques était respecté et si le gouvernement faisait preuve de bonne volonté pour dialoguer et écouter la population.*
>
> *À une époque où des centaines de personnes ont été arbitrairement arrêtées, des centaines cherchent refuge dans des fermes et des disparitions, des dizaines de morts et de nombreuses personnes hospitalisées avec des blessures par balle, nous considérons ces visites comme une provocation et une moquerie de la population.*

---

[28] Déclaration, Félix Nkongho Agbor Balla, 14 octobre 2017.

> *Pour apaiser la population, le gouvernement est appelé à libérer tous les manifestants pacifiques, à rendre compte du nombre de morts, à rétablir l'accès à internet et à convoquer une table ronde en présence des Nations unies.*

L'initiative est mort-née.

L'escalade de la violence

Dans un rapport qu'il publie le 19 octobre 2017, l'International Crisis Group (ICG), qui se définit comme une organisation indépendante qui œuvre pour la prévention des conflits dans le monde, met en garde les pouvoirs publics sur les risques d'une insurrection armée au Cameroun anglophone si des solutions politiques ne sont pas apportées à la crise. Il rend compte du clivage qu'il y aurait au sein du pouvoir entre les partisans de la répression et ceux qui prônent un dialogue inclusif pour stabiliser la crise.

Quoi qu'il en soit, à la fin du mois d'octobre 2017, l'enlisement dans la crise est le sentiment général au Cameroun anglophone. Tous les appels à l'apaisement et à la normalisation, d'où qu'ils viennent, ne produisent plus d'effet. Malgré la présence importante des forces de sécurité, la violence armée se développe. Des groupuscules armés multiplient les attaques terroristes contre les forces de sécurité. L'économie de ces attaques meurtrières est exposée par le ministre de la Communication dans une Conférence de presse donnée à Yaoundé le vendredi 10 novembre 2017.

Entre le lundi 6 et la nuit du jeudi 10 novembre 2017, 4 soldats des Forces de Défense et de Sécurité sont froidement abattus par des terroristes se réclamant de la *Southern Cameroons Ambazonia Consortium United Front* (SCACUF). Ils étaient en service au Cameroun anglophone.

Pour le gouvernement, ces actes caractérisés de terrorisme confirment *a posteriori* sa thèse selon laquelle la crise anglophone est depuis son commencement, le fait de groupuscules terroristes. Il tance les naïfs qui n'ont pas compris, comme le gouvernement, que derrière une façade épurée se cachaient en réalité des terroristes intraitables. Il regrette qu'on ait alors accusé le gouvernement « *de diaboliser des interlocuteurs de bonne foi qui ne demandaient qu'à être écoutés et invités au dialogue* ».

De quels interlocuteurs s'agit-il ?

Du mercredi 29 au jeudi 30 novembre 2017, 4 soldats et 2 policiers sont froidement assassinés au Cameroun anglophone.

Face à cette escalade meurtrière contre les Forces de Défense et de Sécurité, le président de la République s'adresse à la nation :

> *J'ai appris avec émotion l'assassinat de 4 militaires camerounais et de 2 policiers dans le Sud-Ouest de notre pays. Suite à la disparition de ces six valeureux militaires et policiers, je voudrais présenter mes condoléances aux familles éprouvées ainsi qu'à nos vaillantes forces de défense et de sécurité.*
>
> *Je pense que les choses sont désormais parfaitement claires pour tout le monde : le Cameroun est victime des attaques à répétition de bandes de terroristes se réclamant d'un mouvement sécessionniste. Face à ces actes d'agression, je tiens à rassurer le peuple camerou-nais que toutes les dispositions sont prises, pour mettre hors d'état de nuire ces criminels et faire en sorte que la paix et la sécurité soient sauvegardées sur toute l'étendue du territoire national.*

Le vendredi 8 décembre 2017, le ministre de la Communication rend compte des premiers résultats obtenus dans la répression des groupuscules terroristes qui sévissent au Cameroun anglophone. 5 terroristes ont été abattus par les Forces de Défense et de Sécurité qui ont riposté contre une attaque armée menée par 200 assaillants contre la caserne de Mamfe au Cameroun anglo-phone. Durant cette opération, un gendarme trouve la mort et 10 autres éléments des Forces de l'ordre sont blessés.

Le cycle infernal du terrorisme et de la répression semble donc enclenché au Cameroun anglophone. Lorsqu'une opération militaire, aussi légitime soit-elle, cible des nationaux, souvent infiltrés dans la population, il faut s'attendre à des victimes collatérales et à une exacerbation des ressentiments politiques. L'unité nationale est en péril au Cameroun.

Réagissant à cette tournure des évènements, Me Akere Muna cite un extrait du livre de Nelson Mandela intitulé « *Conversation avec moi-même* ». Il s'agit de l'extrait d'une lettre que Nelson Mandela a adressée au chef Mangosuthu Buthelezi du KwaZulu :

> *Toute action ou déclaration de quelque source que ce soit, qui tend à créer ou à aggraver la division constitue, dans le contexte politique actuel, une erreur fatale qui doit être évitée à tout prix... Dans toute ma carrière politique, peu de choses m'ont bouleversé comme voir les nôtres s'entretuer comme c'est actuellement le cas.*

S'inspirant de ce texte, il termine ainsi sa réaction[29] :

> *Face à tout ce massacre, nous devons donc faire preuve de détermination et faire de la paix le seul combat qui vaille la peine d'être livré.*

---

[29] Me Akere Muna, « Face à toutes ces tueries, restons déterminés. »

Me Akere T. Muna

Philémon Yang

David Abouem à Tchoyi

Peter Mafany Musongue

Cardinal Christian Tumi

Éphraïm Inoni

Albert Mukong

John Fru Ndi

Félix Nkongho Agbor Balla

Paul Ayah Abine

Mancho Bibixy

Fontem Fotekara'a Neba

BIBLIOGRAPHIE

Ahmadou Ahidjo,	*Anthologie des Discours, 1957-1959*, Les Nouvelles Éditions Africaines, Tomes I, II, III & IV, 1980.
	Recueil des Discours Présidentiels de 1957 à 1982, Secrétariat de l'Assemblée Nationale de la République Unie du Cameroun, Tomes I, II, III & IV, 1982.
	Discours prononcé par M. Ahidjo, président de l'Assemblée Territoriale du Cameroun à l'ouverture de la session extraordinaire de janvier 1957 de l'Assemblée Territoriale du Cameroun, Yaoundé le 28 janvier 1957, 11 p.
Bayart Jean-François,	*L'État au Cameroun*, Presses de la Fondation Nationale des Sciences Politiques, 1984, 298 p.
Bouopda Pierre Kamé,	*Histoire politique du Cameroun au XXe siècle*, L'Harmattan, 2016, 596 p.
	De la rébellion dans le Bamiléké, L'Harmattan, 2008, 146 p.
	Kamé Samuel, *Aux fondements du régime politique camerounais,* L'Harmattan, 2013, 246 p.
Eyinga Abel	*Cameroun 1960-1990, la fin des élections*, L'Harmattan, 1990.
Gaudemet P. M.,	L'autonomie camerounaise, *Revue française de science politique*, 8ᵉ année, n°1, 1958. pp. 42-72.
Guiffo Mopo J-P,	*Constitutions du Cameroun, Documents politiques et diplomatiques*, Stella, 1977.

International Crisis Group,	*Cameroun : la crise anglophone, à la croisée des chemins*, Rapport Afrique n° 250, 2 Août 2017, 43 p.
	Cameroun : l'aggravation de la crise anglophone requiert des mesures fortes, Crisis Group Breifing Afrique n° 130, 19 octobre 2017, 16 p.
Johnson W. R.,	*The Cameroon Federation*, Princeton University Press, 1970.
Konings P. & Nyamnjoh F. B.,	*Negotiating an Anglophone Identity, A study of the politics of recognition and representation in Cameroon*, Brill, 2003, 230 p.
Moume-Etia Léopold,	*Cameroun, les années ardentes*, JALIVRES, 1991.
Renan, Ernest	*Qu'est-ce qu'une nation ?* Conférence prononcée le 11 mars 1882 à la Sorbonne.
Tangie Fonchingong,	The quest for autonomy : The case of Anglophone Cameroon, *African Journal of Political Science and International Relations*, Vol. 7(5), pp. 224-236, August 2013.
T. Le Vine Victor,	*Cameroun, Du mandat à l'indépendance,* Présence africaine, 1984, 288 p.
Union camerounaise,	*VIe congrès du parti politique de l'Union camerounaise, Ebolowa du 4 au 8 juillet 1962,* Secrétariat à la Presse, à l'Information et à la Propagande, 1962, 96 p.
	V^e congrès du parti politique de l'Union camerounaise, Bafoussam du 20 novembre au 4 décembre 1965, Imprimerie Coulouma, 1966, 131 p.
Verkijika G. Fanso,	Anglophone and francophone nationalism in Cameroon, *The Round Table* (1999), 350, p. 281-296.

Archives Kamé Samuel

Journal Officiel de la République du Cameroun (JORC)

Journal Officiel de la République française (JORF)

INDEX

A

Abendoung
 Zakaria, 55
Abouem à Tchoyi
 David, 96, 104, 121
ACC
 All Anglophone Conference, 82, 110
Achidi
 Achu, 66
Ahanda
 Vincent de Paul, 61
Ahidjo
 Ahmadou, 30, 31, 35, 37, 44, 45, 46,
  47, 48, 52, 53, 54, 55, 56, 57, 59,
  60, 61, 62, 63, 64, 67, 68, 69, 70,
  72, 74, 75, 76, 79
Ahmadou
 Abdoulaye, 55
Akassou Djamba
 Jean, 54, 55
ALCAM
 Assemblée législative du Cameroun,
  31, 35, 36
ALNK
 Armée de libération nationale du
  Kamerun, 37
Amnesty International, 114, 115
Anomah Ngu
 Victor, 66
Anyangwe
 Carlson, 82

ARCAM
 Assemblée représentative du
  Cameroun, 29
Assalé
 Charles, 47
Atanga Nji
 Paul, 85, 88, 89, 91
Atangana
 Gabriel, 55
ATCAM
 Assemblée Territoriale du Cameroun,
  29, 30, 31
Ayah Abine
 Paul, 99, 104, 122
Ayissi Mvodo
 Victor, 64
Aymerich
 Joseph-Gandéric, 15

B

Batonga
 Max, 55
Bétayéné
 Jean, 47, 53
Biya
 Paul, 79, 81, 82, 85, 89, 100
Bokwe
 Johanes, 60, 62
Bouba
 Bello, 55

C

CACSC
  Consortium, 90, 98, 99
Cardinal Christian Tumi, 100, 101, 121
CASC
  Consortium, 90, 92, 93, 95, 97, 98, 99, 102, 103, 106, 108, 111, 118
CENC
  Conférence épiscopale du Cameroun, 113
CNF
  Cameroon National Federation, 71
CNPBM
  Commission nationale pour la promotion du bilinguisme et du multiculturalisme, 100, 104
Commission permanente des mandats, 18
Conférence
  de Foumban, 40, 43, 70, 76, 79, 81, 82
  tripartite, 82
Cornut-Gentille
  Bernard, 35
CPNC
  Cameroon Peoples National Congres, 38, 47, 54, 58, 59, 60, 62, 67, 68, 69, 70
CPP
  Cameroon people's party, 89
CUC
  Cameroon United Congres, 60, 62, 67, 68, 69, 70

D

DC
  Démocrates camerounais, 30, 31, 56
Diamaré
  Boubakary, 55
Dickson, 47
Dissaké
  Hans, 55
Djafarou
  Nana, 55
Dobell
  Charles, 15

E

Edimo Epoh
  Manfred, 47
Effa
  Henri, 55, 59
Egbe Tabi
  Emmanuel, 54, 60, 64, 65, 68
Ekhah Nghaki
  Nzo, 54, 55, 66, 68
Ekontang Elad
  Sam, 82, 110
Ekwabi Ewane
  Jean, 55, 68
Elangwe
  Henry, 66, 68
Endeley
  Emmanuel, 33, 38, 47, 54, 58, 59, 60, 65, 68, 71, 81, 82
Esso
  Laurent, 100
Eteki Mboumoua
  William Aurélien, 54

F

Fame Ndongo
  Jacques, 88
FECASE
  Fédération camerounaise des syndicats de l'Éducation, 95
Fogui
  Jean-Pierre, 92
Foncha
  John Ngu, 33, 34, 38, 45, 47, 53, 54, 55, 57, 58, 59, 60, 63, 64, 65, 68, 70, 76, 79, 81, 82
Fonlon
  Bernard, 47, 64, 66, 80
Fontem, 47, 91, 99, 103, 122
Fontem
  Aforteka'a Neba, 91
Fontem
  Aforteka'a Neba, 99
Fontem
  Aforteka'a Neba, 103
Fouda
  Gallus, 55, 58
Fru Ndi
  John, 91, 122
Fusi
  Martin, 55

G

Garba
  Gueime, 55

Ghogomu Mingo
  Paul, 90
Golopo
  Daïcro, 55

H

Hammarskjöld
  Dag, 37
Happi Tina
  Gabriel, 47

I

ICG
  International Crisis Group, 118
Inoni
  Éphraïm, 121
Issa Tchiroma
  Bakari, 91
Itoe
  Benjamin, 82

K

Kakiang Wappi
  Bernard, 55
Kamé
  Samuel, 47, 64, 68, 69, 71, 123
Kamto
  Maurice, 104
Kanga
  Victor, 53, 55
Kemayou Happi
  Louis, 55
Kemcha
  Peter, 47
Keutcha
  Julienne, 55
Kini, 47
Kirby
  John, 90
KNC
  Kamerun National Congress, 33, 34, 38
KNDP
  Kamerun National Democratic Party, 33, 34, 38, 47, 54, 55, 57, 58, 59, 60, 61, 62, 63, 67, 68, 69, 70
Kome, 47
Kongho Agbor Balla
  Félix, 91, 99, 103, 111, 114, 117, 122
Kosczíusko-Morizet
  Jacques, 35
KPP
  Kamerun People's Party, 33, 34, 38
Kuoh Tobie
  Christian, 47
Kwayeb
  Énoch, 64

L

Lifio
  Carr, 47, 55
Lugard
  Frederick, 22
Lyttelton
  Constitution, 32
Lyttelton/ Oliver, 32

M

Mabaya
  Jean-Baptiste, 55
Mafany Musonge
  Peter, 91, 121
MANC
  Mouvement d'Action Nationale du Cameroun, 30
Mancho Bibixy, 99, 122
Mandela
  Nelson, 119
Mandessi Bell, 71
Manga Mado
  Henri Richard, 55
Mangosuthu
  Buthelezi, 119
MANIDEM
  Mouvement africain pour la nouvelle indépendance et la démocratie, 89
Marigoh Mboua
  Marcel, 55
Mayi Matip
  Théodore, 56
Mbida
  André Marie, 31, 56
Mbile
  Nerius, 33
  Neruis, 47
Mbinkar, 47
Me Kissop, 104

Me Muna
  Akere, 102, 104, 106, 108, 115, 116, 117, 119, 121
  Bernard, 95, 102, 104, 105
Me Ndong
  Christopher, 104
Me Ngnié Kamga
  Jackson, 105, 107
Me Nguini
  Charles, 115
Me Yondo Mandengue
  Black, 104, 105
Medou
  Gaston, 55, 58
Messmer
  Pierre, 31
Metindi
  Jean-Calvin, 55
Mgr Agapitus Nfon, 92
Mgr Andrew Nkea, 92
Mgr Cornelius Fontem Esua, 92, 107
Mgr Emmanuel Bushu, 92
Mgr Georges Nkuo, 92, 107
Mgr Mickael Bibi, 107
Mgr Samuel Kleda, 107
Mission Gerig, 35
Mofor
  Sam, 47, 60, 62
Mohaman
  Lamine, 47, 55
Motomby
  Woleta, 47
Moumé Etia
  Léopold, 71
Moumié
  Félix Roland, 36, 37
Moussa
  Yaya, 55, 64, 68
MRC
  Mouvement pour la renaissance du Cameroun, 89, 104
Mukong
  Albert, 47, 122
Munzu
  Simon, 82
Mvié
  Rostand, 47
Mvondo
  Daniel, 47

N

Ncha Enow
  Simon, 55
Ndeffo
  Sébastien, 55
Ndeh Ntumazah, 33, 47, 65
Ndounokong
  Alphonse, 55
NEC
  National Executive Committee, 87
Ngando
  Black, 47
Ngom Jua
  Augustine, 65
Ngom Jua
  Augustine, 47, 54, 60, 63
Ngom Jua
  Augustine, 68
Ngonja Ndoke
  Moses, 60, 62
Ngué
  Élie, 57, 58
Ninine
  Jules, 31
Nji
  Simon, 55
Njoya
  Arouna, 47
  Seïdou, 55
Nkuete
  Jean, 91
Nsamé
  John, 55
Nya Nana
  Thaddée, 55

O

Ohada
  Organisation pour l'harmonisation en Afrique du droit des affaires, 87
OK
  One Kamerun, 33, 34, 47
Okala
  Charles, 47, 56
Omenjoh, 60, 62
Onana Awana
  Charles, 53
Onana Shé
  Paul, 55

ONU
  Nations unies, 24, 25, 26, 27, 28, 30, 31, 32, 34, 35, 36, 37, 38, 39, 43, 46, 47, 49, 50, 53, 70, 108, 110, 112, 118
Orok Effiom
  Willie, 60, 62, 63, 64, 66
Oumarou
  Babalé, 55
  Sanda, 55, 64, 68
Ousmanou
  Mohamadou, 55
Owono
  Joseph, 47
Owono Mimbo
  Simon, 57, 58

P

PI
  Paysans indépendants, 30, 31

R

Ramadier
  Jean, 31
RDPC
  Rassemblement démocratique du peuple camerounais, 81, 91
REDHAC
  Réseau des défenseurs des droits de l'Homme et des peuples, 108

S

Sadou
  Daoudou, 54, 55
  Hayatou, 82
Sakah, 60, 62
SCACUF
  Southern Cameroons Ambazonia Consortium United Front, 118
SCNC
  Southern Cameroon National Council, 98, 110, 111

SDF
  Social democratic front, 87, 88, 89, 91, 98, 107

SDN
  Société des Nations, 16, 17, 18, 19, 25, 26, 27, 71
SED
  Secrétariat d'État à la Défense en charge de la gendarmerie nationale, 104, 106, 116
Senga Kuoh
  François, 64
She
  Ando, 47
Sona Eyumbi
  John, 55
SYNES
  Syndicat national des enseignants du supérieur, 95

T

TAC
  Teachers association of Cameroon, 87
Tagne
  Abraham, 55
Tamfu, 47
Tandeng Muna
  Solomon, 47, 54, 55, 60, 63, 64, 65, 68, 79, 80, 81, 82, 85, 102
Tassang
  Wilfred, 91
  Wilfried, 99
Tataw
  John, 60
Tchipoum
  Boukar, 55
Tchoungui
  Simon Pierre, 54, 61, 64, 68
Tchoungui Zibi
  Élie, 57, 58
Tétang
  Josué, 47, 55
Torré
  Xavier, 31, 35
Transparency International Cameroon, 115

U

UBSU
  University of Buea Student Union, 90
UC
  Union camerounaise, 30, 31, 51, 59, 64, 71, 124

UNC
    Union nationale camerounaise, 62, 63, 64, 68, 69, 72, 75, 79, 81

UPC
    Union des populations du Cameroun, 36, 37, 51, 56, 57, 58

W

Wadjiri, 47

Wonyu
    Eugène, 54

Y

Yadji
    Abdoulaye, 47, 58

Yang
    Philémon, 87, 91, 121

Yero
    Mala, 55

Z

Zang Atangana
    Marie Joseph, 47

ANNEXES

ANNEXE 1

Traité de Versailles de 1919

Signature : 28 juin 1919.

[Le pacte ci-dessous est le texte original de la partie I du traité de Versailles de 1919 qui met fin à la Grande Guerre. Il a été amendé à plusieurs reprises. Le pacte n'a pas été ratifié par l'Équateur, le Hedjaz et surtout par les États-Unis, le nombre des membres originaires étant ainsi réduit à 42.]

Pacte de la Société des Nations

Les hautes parties contractantes,

Considérant que, pour développer la coopération entre les nations et pour leur garantir la paix et la sûreté, il importe,

D'accepter certaines obligations de ne pas recourir à la guerre,

D'entretenir au grand jour des relations internationales fondées sur la justice et l'honneur,

D'observer rigoureusement les prescriptions du droit international, reconnues désormais comme règle de conduite effective des gouvernements,

De faire régner la justice et de respecter scrupuleusement toutes les obligations des traités dans les rapports mutuels des peuples organisés,

Adoptent le présent pacte qui institue la Société des Nations.

[...]

Article 22.

1. Les principes suivants s'appliquent aux colonies et territoires qui, à la suite de la guerre, ont cessé d'être sous la souveraineté des États qui les gouvernaient précédemment et qui sont habités par des peuples non encore capables de se diriger eux-mêmes dans les conditions particulièrement difficiles du monde moderne. Le bien-être et le développement de ces peuples

forment une mission sacrée de civilisation, et il convient d'incorporer dans le présent pacte des garanties pour l'accomplissement de cette mission.

2. La meilleure méthode de réaliser pratiquement ce principe est de confier la tutelle de ces peuples aux nations développées qui, en raison de leurs ressources, de leur expérience ou de leur position géographique, sont le mieux à même d'assumer cette responsabilité et qui consentent à l'accepter : elles exerceraient cette tutelle en qualité de mandataires et au nom de la Société.

3. Le caractère du mandat doit différer suivant le degré de développement du peuple, la situation géographique du territoire, ses conditions économiques et toutes autres circonstances analogues.

4. Certaines communautés qui appartenaient autrefois à l'Empire ottoman, ont atteint un degré de développement tel que leur existence comme nations indépendantes peut être reconnue provisoirement, à la condition que les conseils et l'aide d'un mandataire guident leur administration jusqu'au moment où elles seront capables de se conduire seules. Les vœux de ces communautés doivent être pris d'abord en considération pour le choix du mandataire.

5. Le degré de développement où se trouvent d'autres peuples, spécialement ceux de l'Afrique centrale, exige que le mandataire y assume l'administration du territoire à des conditions qui, avec la prohibition d'abus, tels que la traite des esclaves, le trafic des armes et celui de l'alcool garantiront la liberté de conscience et de religion, sans autres limitations que celles que peut imposer le maintien de l'ordre public et des bonnes mœurs, et l'interdiction d'établir des fortifications ou des bases militaires ou navales et de donner aux indigènes une instruction militaire, si ce n'est pour la police ou la défense du territoire et qui assureront également aux autres membres de la Société des conditions d'égalité pour les échanges et le commerce.

6. Enfin il y a des territoires, tels que le Sud-Ouest africain et certaines îles du Pacifique austral, qui, par suite de la faible densité de leur population, de leur superficie restreinte, de leur éloignement des centres de civilisation, de leur contiguïté géographique au territoire du mandataire, ou d'autres circonstances, ne sauraient être mieux administrés que sous les lois du mandataire comme une partie intégrante de son territoire, sous réserve des garanties prévues plus haut dans l'intérêt de la population indigène.

7. Dans tous les cas le mandataire doit envoyer au Conseil un rapport annuel concernant les territoires dont il a la charge.

8. Si le degré d'autorité, de contrôle ou d'administration à exercer par le mandataire n'a pas fait l'objet d'une convention antérieure entre les membres de la Société, il sera expressément statué sur ces points par le Conseil.

9. Une commission permanente sera chargée de recevoir et d'examiner les rapports annuels des mandataires et de donner au Conseil son avis sur toutes questions relatives à l'exécution des mandats.

[...]

Annexe

I. - Membres originaires de la Société des Nations signataires du traité de paix

États-Unis d'Amérique, Belgique, Bolivie, Brésil, Empire britannique, Canada, Australie, Afrique du Sud, Nouvelle Zélande, Inde, Chine, Cuba, Équateur, France, Grèce, Guatemala, Haïti, Hedjaz, Honduras, Italie, Japon, Libéria, Nicaragua, Panama, Pérou, Pologne, Portugal, Roumanie, État serbe-croate-slovène, Siam, Tchécoslovaquie, Uruguay.

États invités à accéder au pacte

Argentine, Chili, Colombie, Danemark, Espagne, Norvège, Paraguay, Pays-Bas, Perse, Salvador, Suède, Suisse, Venezuela.

II. Premier secrétaire général de la Société des Nations

L'honorable Sir James Éric Drummond, K.C.M.G., C.B.

Source : Digithèque MJP

ANNEXE 2

Convention de mandat de la France sur le Cameroun

Le Conseil de la Société des Nations :

Considérant que, par l'article 119 du Traité de Paix avec l'Allemagne, signé à Versailles le 28 juin 1919, l'Allemagne a renoncé, en faveur des principales Puissances alliées et associées, à tous ses droits sur ses possessions d'outre-mer, y compris le Cameroun ;

Considérant que les principales Puissances alliées sont tombées d'accord que les Gouvernements de France et de Grande-Bretagne feraient une recommandation concertée à la Société des Nations sur le statut à donner auxdits territoires ;

Considérant que les Gouvernements de France et de Grande-Bretagne ont fait une recommandation concertée au Conseil de la Société des Nations tendant à ce qu'un mandat soit conféré à la République française pour administrer, en conformité avec l'article 22 du Pacte de la Société des Nations, la partie du Cameroun s'étendant à l'est de la ligne tracée d'un commun accord par la Déclaration du 10 juillet 1919 ci-annexée ;

Considérant que les Gouvernements de France et de Grande-Bretagne ont proposé que le mandat soit formulé ainsi que suit ;

Considérant que la République française s'est engagée à accepter le mandat sur ledit territoire et a entrepris de l'exercer au nom de la Société des Nations ;

Confirmant ledit mandat, a statué sur ces termes comme suit :

Article 1er. – Les territoires dont la France assume l'administration sous le régime du mandat comprennent la partie qui est située à l'est de la ligne fixée dans la Déclaration signée le 10 juillet 1919, dont une copie est ci-annexée.

Cette ligne pourra toutefois être légèrement modifiée par accord intervenant entre le Gouvernement de Sa Majesté britannique et le Gouvernement de la République française, sur les points où, soit dans l'intérêt des habitants, soit par suite de l'inexactitude de la carte Moisel au 1/300 000 annexée à la Déclaration, l'examen des lieux ferait reconnaître comme indésirables de s'en tenir exactement à la ligne indiquée.

La délimitation sur le terrain de ces frontières sera effectuée conformément aux dispositions de ladite Déclaration.

Le rapport final de la Commission mixte donnera la description exacte de la frontière telle que celle-ci aura été déterminée sur le terrain ; les cartes signées par les commissaires seront jointes au rapport. Ce document, avec ses annexes, sera établi en triple exemplaire ; l'un des originaux sera déposé dans les archives de la Société des Nations, le deuxième sera conservé par le Gouvernement de la République et le troisième par le Gouvernement de Sa Majesté britannique.

Article 2. – Le Mandataire sera responsable de la paix, du bon ordre et de la bonne administration du territoire, accroîtra par tous les moyens en son pouvoir le bien-être matériel et moral et favorisera le progrès social des habitants.

Article 3 – Le Mandataire ne devra établir sur le territoire aucune base militaire ou navale, ni édifier aucune fortification, ni organiser aucune force militaire indigène sauf pour assurer la police locale et la défense du territoire.

Toutefois, il est entendu que les troupes ainsi levées peuvent, en cas de guerre générale, être utilisées pour repousser une agression ou pour la défense du territoire en dehors de la région soumise au mandat.

Article 4. – La Puissance mandataire devra :

1. Pourvoir à l'émancipation éventuelle de tous les esclaves et, dans un délai aussi court que les conditions sociales le permettront, faire disparaître tout esclavage domestique ou autre ;
2. Supprimer toute forme de commerce d'esclaves ;
3. Interdire tout travail forcé ou obligatoire, sauf pour les travaux et services publics essentiels et sous condition d'une équitable rémunération ;
4. Protéger les indigènes contre la fraude et la contrainte, par une surveillance attentive des contrats de travail et du recrutement des travailleurs ;
5. Exercer un contrôle sévère sur le trafic des armes et munitions, ainsi que sur le commerce des spiritueux.

Article 5. – La Puissance mandataire devra, dans l'établissement des règles relatives à la tenue du sol et au transfert de la propriété foncière, prendre en considération les lois et les coutumes indigènes, respecter les droits et sauvegarder les intérêts des indigènes.

Aucune propriété foncière indigène ne pourra faire l'objet d'un transfert, excepté entre indigènes, sans avoir reçu au préalable l'approbation de l'autorité publique. Aucun droit réel ne pourra être constitué sur un bien foncier indigène en faveur d'un non-indigène, si ce n'est avec la même approbation.

La Puissance mandataire édictera des règles sévères contre l'usure.

Article 6. – La Puissance mandataire assurera à tous les ressortissants des États membres de la Société des Nations les mêmes droits qu'à ses propres ressortissants, en ce qui concerne leur accès et leur établissement dans le territoire, la protection de leurs personnes et de leurs biens, l'acquisition des propriétés mobilières et immobilières, l'exercice de leur profession ou de leur industrie, sous réserve des nécessités d'ordre public et de l'observation de la législation locale.

La Puissance mandataire pratiquera, en outre, à l'égard de tous les ressortissants des États membres de la Société des Nations, et dans les mêmes conditions qu'à l'égard de ses propres ressortissants, la liberté du transit et de navigation, et une complète égalité économique, commerciale et industrielle, excepté pour les travaux et services publics essentiels, qu'elle reste libre d'organiser dans les termes et conditions qu'elle estime justes.

Les concessions pour le développement des ressources naturelles du territoire seront accordées par le Mandataire, sans distinction de nationalité entre les ressortissants des États membres de la Société des Nations, mais de manière à maintenir intacte l'autorité du gouvernement local.

Il ne sera pas accordé de concession ayant le caractère d'un monopole général. Cette clause ne fait pas obstacle au droit du Mandataire de créer des monopoles d'un caractère purement fiscal dans l'intérêt du territoire soumis au mandat et en vue de procurer au territoire les ressources fiscales paraissant le mieux s'adapter aux besoins locaux, ou, dans certains cas, de développer les ressources naturelles, soit directement par l'État, soit par un organisme soumis à son contrôle sous cette réserve qu'il n'en résultera directement ou indirectement aucun monopole des ressources naturelles au bénéfice du Mandataire ou de ses ressortissants ni aucun avantage préférentiel qui serait incompatible avec l'égalité économique, commerciale et industrielle ci-dessus garantie.

Les droits conférés par le présent article s'étendent également aux sociétés et associations organisées suivant les lois des États membres de la Société des Nations, sous réserve seulement des nécessités d'ordre public et de l'observation de la législation locale.

Article 7. – La Puissance mandataire assurera, dans l'étendue du territoire, la pleine liberté de conscience et le libre exercice de tous les cultes, qui ne sont contraires ni à l'ordre public, ni aux bonnes mœurs ; elle donnera à tous les missionnaires ressortissants de tout État membre de la Société des Nations, la faculté de pénétrer, de circuler et de résider dans le territoire, d'y acquérir et posséder des propriétés, d'y élever des bâtiments dans un but religieux et d'y ouvrir des écoles, étant entendu, toutefois, que le Mandataire aura le droit d'exercer tel contrôle qui pourra être nécessaire pour le maintien de l'ordre public et d'une bonne administration et de prendre à cet effet toutes les mesures utiles.

Article 8. – La Puissance mandataire étendra aux territoires le bénéficiaire des conventions internationales générales, applicables à ses territoires limitrophes.

Article 9. – La Puissance mandataire aura pleins pouvoirs d'administration ou de législation sur les contrées faisant l'objet du mandat. Ces contrées seront administrées selon la législation de la Puissance mandataire comme partie intégrante de son territoire et sous réserve des dispositions qui précèdent.

La Puissance mandataire est, en conséquence, autorisée à appliquer aux régions soumises au mandat sa législation, sous réserve des modifications exigées par les conditions locales, et à constituer ces territoires en unions ou fédérations douanières, fiscales ou administratives avec les territoires avoisinants relevant de sa propre souveraineté ou placées sous son contrôle, à condition que les adoptées à ces fins ne portent pas atteinte aux dispositions du présent mandat.

Article 10. – La Puissance mandataire présentera au Conseil de la Société des Nations un rapport annuel répondant à ses vues. Ce rapport devra contenir tous les renseignements sur les mesures prises en vue d'appliquer les dispositions du présent mandat.

Article 11. – Toute modification apportée aux termes du présent mandat devra être approuvée au préalable par le Conseil de la Société des Nations.

Article 12. – Le Mandataire accepte que tout différend, quel qu'il soit, qui viendrait à s'élever entre lui et un autre membre de la Société des Nations, relatif à l'interprétation ou à l'application des dispositions du mandat et qui ne soit pas susceptible d'être réglé par les négociations, sont soumis à la Cour permanente de Justice internationale, prévue par l'article 14 du Pacte de la Société des Nations.

Le présent acte sera déposé en original dans les archives de la Société des Nations. Des copies certifiées conformes en seront remises par le Secrétaire Général de la Société des Nations à tous les membres de la société.

Fait à Londres, le vingtième jour de juillet mil neuf cent vingt-deux.

Pour copie conforme :

Secrétaire Général.

ANNEXE 3

Convention de mandat de la Grande-Bretagne sur le Cameroun

Le Conseil de la Société des Nations :

Considérant que, par l'article 119 du Traité de Paix avec l'Allemagne, signé à Versailles le 28 juin 1919, l'Allemagne a renoncé, en faveur des principales Puissances alliées et associées, à tous ses droits sur ses possessions d'outre-mer, y compris le Cameroun ;

Considérant que les principales Puissances alliées sont tombées d'accord que les Gouvernements de France et de Grande-Bretagne feraient une recommandation concertée à la Société des Nations sur le statut à donner auxdits territoires ;

Considérant que les Gouvernements de France et de Grande-Bretagne ont fait une recommandation concertée au Conseil de la Société des Nations tendant à ce qu'un mandat soit conféré à Sa Majesté Britannique pour administrer, en conformité avec l'article 22 du Pacte de la Société des Nations, la partie du Cameroun s'étendant à l'ouest de la ligne tracée d'un commun accord par la Déclaration du 10 juillet 1919 ci-annexée ;

Considérant que les Gouvernements de France et de Grande-Bretagne ont proposé que le mandat soit formulé ainsi que suit ;

Considérant que Sa Majesté Britannique s'est engagée à accepter le mandat sur ledit territoire et a entrepris de l'exercer au nom de la Société des Nations ;

Confirmant ledit mandat, a statué sur ces termes comme suit :

Article 1er. – Les territoires dont Sa Majesté Britannique assume l'administration sous le régime du mandat comprennent la partie qui est située à l'ouest de la ligne fixée dans la Déclaration signée le 10 juillet 1919, dont une copie est ci-annexée.

Cette ligne pourra toutefois être légèrement modifiée par accord intervenant entre le Gouvernement de Sa Majesté britannique et le Gouvernement de la République française, sur les points où, soit dans l'intérêt des habitants, soit par suite de l'inexactitude de la carte Moisel au 1/300 000 annexée à la Déclaration, l'examen des lieux ferait reconnaître comme indésirables de s'en tenir exactement à la ligne indiquée.

La délimitation sur le terrain de ces frontières sera effectuée conformément aux dispositions de ladite Déclaration.

Le rapport final de la Commission mixte donnera la description exacte de la frontière telle que celle-ci aura été déterminée sur le terrain ; les cartes signées par les commissaires seront jointes au rapport. Ce document, avec ses annexes, sera établi en triple exemplaire ; l'un des originaux sera déposé dans les archives de la Société des Nations, le deuxième sera conservé par le Gouvernement de Sa Majesté Britannique et le troisième par le Gouvernement de Sa Majesté britannique.

Article 2. – Le Mandataire sera responsable de la paix, du bon ordre et de la bonne administration du territoire, accroîtra par tous les moyens en son pouvoir le bien-être matériel et moral et favorisera le progrès social des habitants.

Article 3 – Le Mandataire ne devra établir sur le territoire aucune base militaire ou navale, ni édifier aucune fortification, ni organiser aucune force militaire indigène sauf pour assurer la police locale et la défense du territoire.

Article 4. – La Puissance mandataire devra :

1. Pourvoir à l'émancipation éventuelle de tous les esclaves et, dans un délai aussi court que les conditions sociales le permettront, faire disparaître tout esclavage domestique ou autre ;

2. Supprimer toute forme de commerce d'esclaves ;

3. Interdire tout travail forcé ou obligatoire, sauf pour les travaux et services publics essentiels et sous condition d'une équitable rémunération ;

4. Protéger les indigènes contre la fraude et la contrainte, par une surveillance attentive des contrats de travail et du recrutement des travailleurs ;

5. Exercer un contrôle sévère sur le trafic des armes et munitions, ainsi que sur le commerce des spiritueux.

Article 5. – La Puissance mandataire devra, dans l'établissement des règles relatives à la tenue du sol et au transfert de la propriété foncière, prendre en considération les lois et les coutumes indigènes, respecter les droits et sauvegarder les intérêts des indigènes.

Aucune propriété foncière indigène ne pourra faire l'objet d'un transfert, excepté entre indigènes, sans avoir reçu au préalable l'approbation de l'autorité publique. Aucun droit réel ne pourra être constitué sur un bien foncier indigène en faveur d'un non-indigène, si ce n'est avec la même approbation.

La Puissance mandataire édictera des règles sévères contre l'usure.

Article 6. – La Puissance mandataire assurera à tous les ressortissants des États membres de la Société des Nations les mêmes droits qu'à ses propres ressortissants, en ce qui concerne leur accès et leur établissement dans le territoire, la protection de leurs personnes et de leurs biens, l'acquisition des propriétés mobilières et immobilières, l'exercice de leur profession ou de leur industrie, sous réserve des nécessités d'ordre public et de l'observation de la législation locale.

La Puissance mandataire pratiquera, en outre, à l'égard de tous les ressortissants des États membres de la Société des Nations, et dans les mêmes conditions qu'à l'égard de ses propres ressortissants, la liberté du transit et de navigation, et une complète égalité économique, commerciale et industrielle, excepté pour les travaux et services publics essentiels, qu'elle reste libre d'organiser dans les termes et conditions qu'elle estime justes.

Les concessions pour le développement des ressources naturelles du territoire seront accordées par le Mandataire, sans distinction de nationalité entre les ressortissants des États membres de la Société des Nations, mais de manière à maintenir intacte l'autorité du gouvernement local.

Il ne sera pas accordé de concession ayant le caractère d'un monopole général. Cette clause ne fait pas obstacle au droit du Mandataire de créer des monopoles d'un caractère purement fiscal dans l'intérêt du territoire soumis au mandat et en vue de procurer au territoire les ressources fiscales paraissant le mieux s'adapter aux besoins locaux, ou, dans certains cas, de développer les ressources naturelles, soit directement par l'État, soit par un organisme soumis à son contrôle sous cette réserve qu'il n'en résultera directement ou indirectement aucun monopole des ressources naturelles au bénéfice du Mandataire ou de ses ressortissants ni aucun avantage préférentiel qui serait incompatible avec l'égalité économique, commerciale et industrielle ci-dessus garantie.

Les droits conférés par le présent article s'étendent également aux sociétés et associations organisées suivant les lois des États membres de la Société des Nations, sous réserve seulement des nécessités d'ordre public et de l'observation de la législation locale.

Article 7. – La Puissance mandataire assurera, dans l'étendue du territoire, la pleine liberté de conscience et le libre exercice de tous les cultes, qui ne sont contraires ni à l'ordre public, ni aux bonnes mœurs ; elle donnera à tous les missionnaires ressortissants de tout État membre de la Société des Nations, la faculté de pénétrer, de circuler et de résider dans le territoire, d'y acquérir et posséder des propriétés, d'y élever des bâtiments dans un but religieux et d'y ouvrir des écoles, étant entendu, toutefois, que le Mandataire aura le droit d'exercer tel contrôle qui pourra être nécessaire pour le maintien de l'ordre public et d'une bonne administration et de prendre à cet effet toutes les mesures utiles.

Article 8. – La Puissance mandataire étendra aux territoires le bénéficiaire des conventions internationales générales, applicables à leurs territoires limitrophes.

Article 9. – La Puissance mandataire aura pleins pouvoirs d'administration ou de législation sur les contrées faisant l'objet du mandat. Ces contrées seront administrées selon la législation de la Puissance mandataire comme partie intégrante de son territoire et sous réserve des dispositions qui précèdent.

La Puissance mandataire est, en conséquence, autorisée à appliquer aux régions soumises au mandat sa législation, sous réserve des modifications exigées par les conditions locales, et à constituer ces territoires en unions ou fédérations douanières, fiscales ou administratives avec les territoires avoisinants relevant de sa propre souveraineté ou placées sous son contrôle, à condition que les adoptées à ces fins ne portent pas atteinte aux dispositions du présent mandat.

Article 10. – La Puissance mandataire présentera au Conseil de la Société des Nations un rapport annuel répondant à ses vues. Ce rapport devra contenir tous les renseignements sur les mesures prises en vue d'appliquer les dispositions du présent mandat.

Article 11. – Toute modification apportée aux termes du présent mandat devra être approuvée au préalable par le Conseil de la Société des Nations.

Article 12. – Le Mandataire accepte que tout différend, quel qu'il soit, qui viendrait à s'élever entre lui et un autre membre de la Société des Nations, relatif à l'interprétation ou à l'application des dispositions du mandat et qui ne soit pas susceptible d'être réglé par les négociations, sont soumis à la Cour permanente de Justice internationale, prévue par l'article 14 du Pacte de la Société des Nations.

Le présent acte sera déposé en original dans les archives de la Société des Nations. Des copies certifiées conformes en seront remises par le Secrétaire Général de la Société des Nations à tous les membres de la société.

Fait à Londres, le vingtième jour de juillet mil neuf cent vingt-deux.

Pour copie conforme.

Secrétaire Général.

ANNEXE 4

Accord de tutelle pour le Territoire du Cameroun sous administration française

Attendu que le Territoire connu sous le nom de Cameroun, s'étendant à l'est de la ligne fixée dans la Déclaration signée le 10 juillet 1919, a été administré par la France conformément au mandat défini par l'Acte en date du 20 juillet 1922 ;

Attendu que conformément à l'Article 9 de cet Acte, cette partie du Cameroun a été depuis lors administrée selon la législation de la Puissance mandataire comme partie intégrante de son territoire et sous réserve des dispositions prévues par le mandat et qu'il importe dans l'intérêt même des populations du Cameroun de poursuivre l'évolution administrative et politique des territoires en question, en vue de favoriser, conformément à l'Article 76 de la Charte des Nations unies, le progrès politique, économique et social de ses habitants ;

Attendu que la France a manifesté le désir de placer la partie du Cameroun qu'elle administre actuellement sous le Régime de tutelle conformément aux Articles 75 et 77 ;

Attendu que l'Article 85 de ladite Charte stipule que les termes du Régime de tutelle doivent être soumis à l'approbation de l'Assemblée générale,

En conséquence, l'Assemblée générale des Nations unies approuve les termes suivants du Régime de tutelle pour ledit Territoire :

Article premier. – Le Territoire auquel s'applique le présent Accord de tutelle comprend la partie du Cameroun qui est située à l'est de la ligne fixée par la Déclaration franco-britannique du 10 juillet 1919.

Article 2. – Le Gouvernement français s'engage, en tant qu'Autorité chargée de l'administration de ce Territoire aux termes de l'Article 81 de la Charte des Nations unies, à y exercer les devoirs de tutelle définis par ladite Charte, à y rechercher les fins essentielles du Régime de tutelle énoncées à l'Article 76, et à prêter toute son assistance à l'Assemblée générale et au Conseil de tutelle dans l'exercice de leurs fonctions telles qu'elles sont fixées par les Articles 87 et 88

En conséquence, le Gouvernement français s'engage :

1. À présenter à l'Assemblée générale des Nations unies le rapport annuel prévu à l'Article 88 de la Charte, fondé sur le questionnaire établi par le Conseil de tutelle conformément au dit article, ainsi qu'à joindre à ce rapport les études qui lui seraient éventuellement demandées par l'Assemblée générale ou le Conseil de tutelle ;

   À inclure dans ce rapport les informations relatives aux mesures prises en vue de donner effet aux suggestions et recommandations de l'Assemblée générale ou du Conseil de tutelle ;

   À désigner un représentant et, le cas échéant, les experts qualifiés qui assisteront aux séances du Conseil de tutelle ou de l'Assemblée générale au cours desquelles lesdits rapports et études seront examinés ;

2. À désigner un représentant et, le cas échéant, les experts qualifiés pour participer, en consultation avec l'Assemblée générale ou le Conseil de tutelle, à l'examen des pétitions qui seront reçues par ces organes ;

3. À faciliter les visites périodiques éventuelles du Territoire sous tutelle auxquelles l'Assemblée générale ou le Conseil de tutelle pourraient faire procéder ; à convenir avec ces organes des dates auxquelles ces visites auront lieu, ainsi qu'à s'entendre avec eux sur les questions que poseraient l'organisation et l'accomplissement de ces visites ;

4. À faciliter généralement à l'Assemblée générale ou au Conseil de tutelle l'application de ces dispositions et de celles que ces organes seraient amenés à prendre conformément aux termes du présent Accord.

Article 3. – L'Autorité chargée de l'administration sera responsable de la paix, du bon ordre et de la bonne administration du Territoire.

Elle sera responsable également de la défense dudit Territoire et veillera à ce qu'il apporte sa contribution au maintien de la paix et de la sécurité internationales.

Article 4. – À cet effet, et en vue de remplir les obligations découlant de la Charte et du présent Accord, l'Autorité chargée de l'administration :

A

1. Aura pleins pouvoirs de législation, d'administration et de juridiction sur le Territoire et, sous réserve des dispositions de la Charte et du présent Accord, l'administrera selon la législation française, comme partie intégrante du territoire français ;

2. Sera autorisée, en vue d'assurer une meilleure administration, à constituer ce Territoire, après avis conforme de l'Assemblée représentative territoriale, en union ou fédération douanière, fiscale ou administrative avec les territoires avoisinants relevant de sa souveraineté ou placés sous son contrôle et à créer des services communs entre ces territoires et le Territoire sous tutelle, à condition que ces mesures aient pour effet de promouvoir le but que se propose le Régime international de tutelle ;

B

1. Pourra établir sur le Territoire des bases militaires, navales ou aériennes, y entretenir des forces nationales et lever des contingents de volontaires ;
2. Pourra prendre dans les seules limites imposées par la Charte, toutes mesures d'organisation et de défense propres à assurer la participation du Territoire au maintien de la paix et de la sécurité internationales ;

Le respect des engagements relatifs a l'assistance et aux facilités données au Conseil de sécurité, par l'Autorité chargée de l'administration ;

Le respect de l'ordre intérieur ;

La défense du Territoire dans le cadre des accords spéciaux pour le maintien de la paix et de la sécurité internationales.

Article 5. – L'Autorité chargée de l'administration prendra les mesures nécessaires en vue d'assurer une participation des populations locales à l'administration du Territoire par le développement d'organes démocratiques représentatifs et de procéder, le moment venu, aux consultations appropriées, en vue de permettre à ces populations de se prononcer librement sur leur régime politique et d'atteindre les fins définies par l'Article 76 b. de la Charte.

Article 6. – L'Autorité chargée de l'administration s'engage à maintenir l'application au Territoire des accords et conventions internationaux qui y sont actuellement en vigueur, ainsi qu'à y étendre les conventions et recommandations faites par les Nations unies ou les institutions spécialisées prévues à l'Article 57 de la Charte, chaque fois que ces conventions et recommandations seront favorables aux intérêts de la population et compatibles avec les buts que se propose le Système de tutelle et les termes du présent Accord.

Article 7. – L'Autorité chargée de l'administration devra, dans l'établissement des règles relatives à la tenure du sol et au transfert de la propriété foncière, et en vue de favoriser le progrès économique et social des populations autochtones, prendre en considération les lois et les coutumes locales.

Aucune propriété foncière appartenant à un autochtone ou à un groupe d'autochtones ne pourra faire l'objet d'un transfert, excepté entre autochtones, sans qu'il y ait eu autorisation préalable de l'autorité publique, qui tiendra compte des intérêts, tant présents que futurs, des autochtones. Aucun droit réel ne pourra être constitué sur un bien foncier appartenant à un autochtone ou à un groupe d'autochtones en faveur d'un non-autochtone, si ce n'est avec la même autorisation.

Article 8. – L'Autorité chargée de l'administration prendra, sous réserve des dispositions de l'article suivant, toutes les mesures nécessaires en vue d'assurer à tous les États Membres des Nations unies et à leurs ressortissants l'égalité de traitement en matière sociale, économique, industrielle et commerciale, et à cet effet :

1. Accordera à tous les ressortissants des Membres des Nations unies la liberté de transit et de navigation, y compris la liberté de transit et de navigation par air, et la protection de leur personne et de leurs biens, sous réserve des nécessités d'ordre public et du respect de la législation locale ;
2. Assurera à tous les ressortissants des Membres des Nations unies les mêmes droits qu'a ses propres ressortissants en ce qui concerne leur accès et leur établissement dans le Territoire, l'acquisition de propriétés mobilières et immobilières et l'exercice de leur profession et de leur industrie ;
3. N'établira, à l'égard des ressortissants des Membres des Nations unies, aucune discrimination basée sur la nationalité, en ce qui concerne l'octroi de concessions pour le développement des ressources naturelles du Territoire et n'accordera pas de concessions ayant le caractère d'un monopole général ;
4. Assurera l'égalité de traitement dans l'administration de la justice a tous les ressortissants des Membres des Nations unies.

Les droits conférés par le présent article aux ressortissants des États Membres des Nations unies, s'étendent également aux sociétés et associations contrôlées par ces ressortissants et organisées suivant la législation de ces États.

Néanmoins, et en conformité des dispositions de l'Article 76 de la Charte, l'égalité de traitement prévue ne peut avoir pour effet de porter préjudice à la réalisation des fins de tutelle énoncées au même Article 76 de la Charte et notamment en son paragraphe b.

Dans le cas ou des avantages spéciaux, de quelque nature que ce soit, seraient accordés par une Puissance bénéficiant de l'égalité de traitement ci-dessus énoncée a une autre Puissance ou à un territoire autonome ou non, les mêmes avantages s'appliqueront automatiquement par réciprocité au Territoire sous tutelle, et a ses habitants, spécialement dans le domaine économique et commercial.

Article 9. – Les effets des dispositions prévues à l'article précédent étant toujours limités par l'obligation générale que, conformément à l'Article 76 de la Charte, l'Autorité chargée de l'administration a de promouvoir le développement politique, économique, social et culturel des habitants du Territoire, d'atteindre les buts que se propose le Système de tutelle et de maintenir l'ordre public et le bon gouvernement, l'Autorité chargée de l'administration aura, en particulier, la faculté, après avis conforme de l'Assemblée représentative territoriale :

1. D'organiser les services et les travaux publics essentiels de la façon et dans les conditions qu'elle estimera justes ;
2. De créer des monopoles d'un caractère purement fiscal dans l'intérêt du Territoire et en vue de procurer au Territoire les ressources fiscales paraissant le mieux s'adapter aux besoins locaux ;
3. D'organiser ou d'autoriser l'organisation dans des conditions de contrôle public convenables, et en se conformant à l'Article 76 d. de la Charte, des offices publics ou des organismes d'économie mixte qui lui paraîtront de nature à favoriser le progrès économique des habitants du Territoire.

Article 10. – L'Autorité chargée de l'administration assurera dans l'étendue du Territoire la pleine liberté de pensée et le libre exercice de tous les cultes et des enseignements religieux qui ne sont contraires ni à l'ordre public, ni aux bonnes mœurs : elle donnera aux missionnaires ressortissants des États Membres des Nations unies la faculté d'entrer et de résider dans le Territoire, d'y acquérir et d'y posséder des propriétés, d'y élever des bâtiments ayant un but religieux, ainsi que d'y ouvrir des écoles et des h8pitaux.

Les dispositions du présent article n'affecteront en rien le devoir qui incombe à l'Autorité chargée de l'administration d'exercer le contrôle nécessaire au maintien de l'ordre public et des bonnes mœurs, ainsi qu'au développement de l'éducation chez les habitants du Territoire.

L'Autorité chargée de l'administration continuera à développer l'enseignement primaire, l'enseignement secondaire et l'enseignement technique au bénéfice des enfants et des adultes. Elle donnera dans toute la mesure compatible avec l'intérêt de la population la possibilité aux étudiants qualifiés de suivre l'enseignement supérieur général ou professionnel.

L'Autorité chargée de l'administration garantira aux habitants du Territoire la liberté de parole, de presse, de réunion et de pétition, sous la seule réserve des nécessités de l'ordre public.

Article 11. – Rien dans le présent Accord n'affectera le droit qu'à l'Autorité chargée de l'administration de proposer à tout moment la désignation de tout ou partie du Territoire ainsi placé sous sa tutelle comme zone stratégique, conformément aux Articles 82 et 83 de la Charte.

Article 12. Les termes du présent Accord de tutelle ne pourront être modifiés ou amendés que conformément aux Articles 79, 82, 83 et 85, selon le cas, de la Charte.

Article 13. – Tout différend, quel qu'il soit, qui viendrait à s'élever entre l'Autorité chargée de l'administration et tout autre Membre des Nations unies, relatif à l'interprétation ou à l'application des dispositions du présent Accord de tutelle, sera, s'il ne peut être réglé par négociations ou tout autre moyen, soumis à la Cour internationale de Justice, prévue par le Chapitre XIV de la Charte des Nations unies.

Article 14. – L'Autorité chargée de l'administration pourra accepter d'entrer, au nom du Territoire, dans toute commission régionale consultative et dans tout organisme technique ou association volontaire d'États qui viendraient à être constitués.

Elle pourra également collaborer, au nom du Territoire, avec des institutions internationales publiques ou privées ou participer à toute forme de coopération internationale conforme à l'esprit de la Charte.

Article 15. – Le présent Accord entrera en vigueur dès qu'il aura reçu l'approbation de l'Assemblée générale des Nations unies.

ANNEXE 5

Accord de tutelle pour le Territoire du Cameroun sous administration britannique

Attendu que le Territoire connu sous le nom de Cameroun sous mandat britannique et ci-après dénommé le Territoire a été administré jusqu'ici conformément à l'Article 22 du Pacte de la Société des Nations en vertu d'un mandat conféré à Sa Majesté britannique ;

Attendu que l'Article 75 de la Charte des Nations unies signée à San-Francisco le 26 juin 1945, prévoit l'établissement d'un Régime international de tutelle pour l'administration et la surveillance des territoires qui pourraient être placés sous ce Régime en vertu d'accords particuliers ultérieurs ;

Attendu qu'en vertu de l'Article 77 de ladite Charte, le Régime international de tutelle peut s'appliquer aux territoires actuellement sous mandat ;

Attendu que Sa Majesté a manifesté le désir de placer le Territoire sous ledit Régime international de tutelle ;

Attendu que conformément aux termes des Articles 75 et 77 de ladite Charte, un territoire doit être placé sous le Régime international de tutelle au moyen d'un Accord de tutelle

En conséquence, l'Assemblée générale des Nations unies décide d'approuver les termes suivants du Régime de tutelle pour le Territoire.

Article premier. – Le Territoire auquel cet accord s'applique comprend la partie du Cameroun qui se trouve à l'ouest de la frontière établie par la Déclaration franco-britannique du 10 juillet 1919 et déterminée d'une façon plus précise dans la Déclaration faite par le Gouverneur de la Colonie et du Protectorat du Nigeria et le Gouverneur du Cameroun sous mandat français et confirmée par l'échange de Notes qui a eu lieu le 9 janvier 1931 entre le Gouvernement de Sa Majesté pour le Royaume-Uni et le Gouvernement français.

Cette ligne frontière peut cependant être légèrement modifiée d'un commun accord par le Gouvernement de Sa Majesté pour le Royaume-Uni et le Gouvernement de la République française si l'examen des lieux montre qu'une telle modification est souhaitable dans l'intérêt des habitants.

Article 2. – Sa Majesté est désignée par les présentes comme Autorité chargée de l'administration du Territoire et la responsabilité de cette administration sera assumée par le Gouvernement de Sa Majesté pour le Royaume-Uni de Grande-Bretagne et d'Irlande du Nord.

Article 3. – L'Autorité chargée de l'administration s'engage à administrer le Territoire de manière à réaliser les fins essentielles du Régime international de tutelle énoncées à l'Article 76 de la Charte des Nations unies. L'Autorité chargée de l'administration s'engage, en outre, à collaborer pleinement avec l'Assemblée générale des Nations unies et le Conseil de tutelle dans l'accomplissement de toutes les fonctions définies à l'Article 87 de la Charte des Nations unies et à faciliter les visites périodiques au Territoire qu'ils jugeraient nécessaires, à des dates déterminées de concert avec l'Autorité chargée de l'administration.

Article 4. – L'Autorité chargée de l'administration :

a) Répondra de la paix, de l'ordre, de la bonne administration et de la défense du Territoire ;

b) Devra veiller à ce qu'il apporte sa contribution au maintien de la paix et de la sécurité internationales.

Article 5. – Pour la réalisation des buts précités et à toutes les fins nécessaires du présent Accord, l'Autorité chargée de l'Administration :

a) Aura pleins pouvoirs de législation, d'administration et de juridiction sur le Territoire et l'administrera conformément à sa propre législation, comme partie intégrante de son territoire, avec les modifications que pourraient exiger les conditions locales et sous réserve des dispositions de la Charte des Nations unies et du présent Accord ;

b) Sera autorisée à faire entrer le Territoire dans une union ou fédération douanière, fiscale ou administrative constituée avec les territoires adjacents placés sous sa souveraineté ou sa régie et à établir des services administratifs communs à ces territoires et au Territoire quand ces mesures seront compatibles avec les fins essentielles du Régime international de tutelle et avec les clauses du présent Accord ;

c) Et sera autorisée à établir des bases navales, militaires et aériennes, à construire des fortifications, à poster et à employer ses propres forces dans le Territoire et à prendre toutes autres mesures qui, à son avis, seraient nécessaires pour la défense du Territoire et pour assurer qu'il apporte sa contribution au maintien de la paix et de la sécurité internationales. À cette fin, l'Autorité chargée de l'administration pourra utiliser des contingents de volontaires, les facilités et l'aide du Territoire pour remplir les obligations qu'elle a contractées à cet égard envers le Conseil de sécurité, ainsi que pour assurer la défense locale et le maintien de l'ordre à l'intérieur du Territoire.

Article 6. – L'Autorité chargée de l'administration favorisera le développement d'institutions politiques libres convenant au Territoire. À cette fin, elle assurera à ses habitants une part progressivement croissante dans les services administratifs et autres du Territoire ; elle élargira leur représentation dans les corps consultatifs et législatifs et leur participation au gouvernement du Territoire, aussi bien central que local, compte tenu des conditions particulières au Territoire et à ses populations; et prendra toutes autres mesures appropriées en vue d'assurer l'évolution politique des habitants du Territoire conformément à l'Article 76 b. de la Charte des Nations unies.

Lors de l'étude des mesures à prendre en vertu de cet Article, l'Autorité chargée de l'administration tiendra particulièrement compte, dans l'intérêt des habitants, des dispositions de l'Article 5 *a)* du présent Accord.

Article 7. – L'Autorité chargée de l'administration s'engage à appliquer au Territoire les stipulations des conventions internationales et des recommandations existant actuellement ou qui seront arrêtées par les Nations unies ou par les institutions spécialisées dont il est question a l'Article 57 de la Charte, qui pourraient convenir aux conditions particulières du Territoire et qui contribueraient à la réalisation des fins essentielles du Régime international de tutelle.

Article 8. – L'Autorité chargée de l'administration devra, dans l'établissement des lois relatives à la tenure du sol ou au transfert de la propriété foncière et des ressources naturelles, prendre en considération les lois et les coutumes indigènes, respecter les droits et sauvegarder les intérêts, tant présents que futurs, de la population indigène. Aucune propriété foncière ou aucune ressource naturelle appartenant à des indigènes, ne pourra faire l'objet d'un transfert, excepté entre indigènes, sans qu'il y ait eu approbation préalable de l'autorité publique compétente. Aucun droit réel sur un bien foncier ou sur des ressources naturelles appartenant à un indigène ne pourra être constitué en faveur de non-indigènes, si ce n'est avec la même approbation.

Article 9. – Sous réserve des dispositions de l'Article 10 du présent Accord, l'Autorité chargée de l'administration prendra toutes les mesures nécessaires en vue d'assurer à tous les États Membres des Nations unies et à leurs ressortissants, l'égalité de traitement en matière sociale, économique, industrielle et commerciale, et à cet effet :

a) Assurera à tous les ressortissants des Membres des Nations unies les mêmes droits qu'a ses propres ressortissants en ce qui concerne l'accès et l'établissement dans le Territoire, la liberté de transit et de navigation, y compris la liberté de transit et navigation par air, l'acquisition de biens mobiliers et immobiliers, la protection de la personne et des biens et l'exercice des professions et des métiers ;

b) N'établira, à l'égard des ressortissants des Membres des Nations unies, aucune discrimination fondée sur la nationalité, en ce qui concerne l'octroi de concessions pour le développement des ressources naturelles du Territoire et n'accordera pas de concessions ayant le caractère d'un monopole général ;

c) Assurera l'égalité de traitement dans l'administration de la justice aux ressortissants de tous les Membres des Nations unies.

Les droits conférés par le présent article aux ressortissants des États Membres des Nations unies s'étendent, dans les mêmes conditions, aux sociétés ou associations contrôlées par ces ressortissants et constituées selon la législation de l'un quelconque de ces États.

Article 10. – L'application des dispositions de l'Article 9 est subordonnée à l'obligation primordiale qui incombe à l'Autorité chargée de l'administration en vertu de l'Article 76 de la Charte des Nations unies, de favoriser le progrès politique, économique et social, ainsi que le développement de l'instruction des habitants du Territoire, de réaliser les autres fins essentielles du Régime international de tutelle, et de maintenir la paix, l'ordre et la bonne administration. L'Autorité chargée de l'administration aura notamment la faculté :

a) D'organiser les services et les travaux publics essentiels de la manière et dans les conditions qu'elle estimera justes ;

b) De créer les monopoles d'un caractère purement fiscal afin de procurer au Territoire les ressources fiscales qui paraissent le mieux s'adapter aux besoins locaux ou qui sembleront les plus conformes aux intérêts des habitants du Territoire ;

c) Chaque fois que les intérêts ou le progrès économique des habitants du Territoire l'exigeront, d'organiser ou d'autoriser l'0rganisation, à des fins déterminées, d'autres monopoles ou entreprises présentant le caractère d'un monopole, dans des conditions de contrôle public convenables, pourvu que, dans le choix de toute institution chargée d'exécuter les dispositions du présent paragraphe, autre que les institutions contrôlées par le Gouvernement ou que celles auxquelles participe le Gouvernement, l'Autorité chargée de l'administration n'établisse à l'égard des États Membres des Nations unies ou de leurs ressortissants aucune discrimination fondée sur la nationalité.

Article 11. – Aucune disposition du présent Accord ne donne le droit à un Membre des Nations unies de réclamer pour lui-même ou pour ses ressortissants, ses sociétés et ses associations, le bénéfice de l'Article 9 du présent Accord, dans un domaine où il ne donne pas aux habitants, sociétés et associations du Territoire l'égalité de traitement avec les ressortissants, sociétés et associations de l'État auquel il réserve le traitement le plus favorable.

Article 12. – L'Autorité chargée de l'administration devra, compte tenu des conditions particulières du Territoire, maintenir et développer un système général d'instruction primaire destiné à supprimer l'analphabétisme et à faciliter le progrès professionnel et culturel de la population, enfantine et adulte, et devra de même fournir, dans l'intérêt des habitants, aux étudiants aptes à recevoir l'instruction secondaire ou supérieure, y compris la formation professionnelle, les facilités qui se révéleront désirables et réalisables.

Article 12. – L'Autorité chargée de l'administration assurera au Territoire la liberté complète de conscience et, dans la mesure compatible avec les exigences de l'ordre public et de la morale, la liberté d'enseignement religieux et le libre exercice de toutes les formes de culte. Sous réserve des dispositions de l'Article 8 du présent Accord et des lois locales, les missionnaires ressortissants des Membres des Nations unies seront libres d'entrer au Territoire, d'y voyager, d'y résider, d'y acquérir et d'y posséder des biens, d'y construire des édifices religieux et d'y ouvrir des écoles et des hôpitaux. Les dispositions du présent article ne devront pas cependant porter atteinte au droit et au devoir de l'Autorité chargée de l'administration d'exercer le contrôle qu'elle pourra juger nécessaire, soit au maintien de la paix, de l'ordre et de la bonne administration, soit au développement de l'instruction des habitants du Territoire, et de prendre les mesures nécessaires à l'exercice de ce contrôle.

Article 14. – Sous réserve seulement des exigences de l'ordre public, l'Autorité chargée de l'administration garantira aux habitants du Territoire la liberté de parole, de presse, de réunion et de pétition.

Article 15. – L'Autorité chargée de l'administration peut prendre des dispositions en vue de la participation du Territoire à toutes commissions consultatives régionales et organisations techniques régionales ou à toutes autres associations volontaires d'États, à toutes institutions spécialisées internationales, publiques ou privées, ou à d'autres formes d'activité internationale compatibles avec la Charte des Nations unies.

Article 16. – L'Autorité chargée de l'administration présentera à l'Assemblée générale des Nations unies un rapport annuel fondé sur un questionnaire établi par le Conseil de tutelle conformément à l'Article 88 de la Charte des Nations unies. Ce rapport comportera des données sur les mesures prises en vue de donner suite aux avis et recommandations présentés par l'Assemblée générale et le Conseil de tutelle. L'Autorité chargée de l'administration désignera un représentant accrédité qui assistera aux sessions du Conseil de tutelle au cours desquelles seront examinés les rapports de l'Autorité chargée de l'administration du Territoire.

Article 17. – Aucune des dispositions du présent Accord ne portera atteinte au droit de l'Autorité chargée de l'administration de proposer, à tout moment une modification de cet accord en vue de désigner tout ou partie du Territoire comme zone stratégique ou pour toute autre raison compatible avec les fins essentielles du Régime international de tutelle.

Article 18. – Les termes du présent Accord ne pourront être modifiés ou amendés que conformément à l'Article 79 et aux Articles 83 ou 85, selon le cas, de la Charte des Nations unies.

Article 19. – Tout différend, quel qu'il soit, qui viendrait à s'élever entre l'Autorité chargée de l'administration et un autre Membre des Nations unies relativement à l'interprétation ou à l'application des dispositions du présent Accord, sera, s'il ne peut être réglé par négociations ou un autre moyen, soumis à la Cour internationale de Justice, prévue au Chapitre XIV de la Charte des Nations unies.

ANNEXE 6

Résolution adoptée par l'Assemblée législative camerounaise
24 octobre 1958

L'assemblée législative du Cameroun, consciente d'exprimer le sentiment unanime des populations de toutes les régions du Cameroun,

Prend acte avec satisfaction :

Des négociations menées par le Premier Ministre, qui ont abouti, conformément à la résolution du 12 juin 1958, à transférer à l'État du Cameroun toutes les compétences relatives à la gestion des affaires intérieures à compter du 1er janvier 1959 ;

De l'accord du Gouvernement français pour que soient engagées les procédures de levée de la tutelle internationale ;

Proclame solennellement la volonté du peuple camerounais de voir l'État du Cameroun accéder à la pleine indépendance nationale le 1er janvier 1960 ;

Affirme à nouveau son attachement au principe de la réunification des deux Cameroun et demande que toutes dispositions soient prises pour que les populations intéressées puissent se prononcer en toute liberté sur cette réunification avant le 1er janvier 1960 ;

Invite en conséquence le Gouvernement camerounais à demander à la France de saisir l'assemblée générale des Nations unies, au cours de sa présente session, de l'abrogation de l'Accord de tutelle concomitamment à l'indépendance du Cameroun ;

S'élève contre toute tentative qui pourrait être faite en vue de retarder l'accession du peuple camerounais à sa totale souveraineté ;

Rend hommage à l'œuvre accomplie par la France au Cameroun, renouvelle le souhait qu'elle a exprimé le 12 juin de voir le Cameroun indépendant et souverain s'associer librement et amicalement à la France dans l'intérêt des deux pays.

ANNEXE 7

Mémorandum sur l'avenir du Cameroun sous administration française Assemblée générale des Nations unies 13ᵉ session

13 novembre 1958[1]

Au moment où, conformément à son ordre du jour, l'assemblée générale des Nations unies poursuit l'examen du rapport du Conseil de tutelle, le gouvernement de la République française croit devoir rappeler d'une façon particulière son attention sur les développements récents que vient de connaître la question de l'avenir du Cameroun sous administration française.

En plaçant la partie du Cameroun qu'elle administrait depuis la Première Guerre mondiale sous le régime de tutelle défini par la Charte des Nations unies, la France s'est engagée à poursuivre son action administrative et politique en vue de favoriser le progrès politique, économique et social de ses habitants.

Aux termes de l'Accord approuvé par l'assemblée générale des Nations unies le 13 décembre 1946, elle était tenue de prendre les mesures nécessaires en vue d'assurer une participation des populations locales à l'administration du Territoire par le développement d'organes démocratiques représentatifs.

Dans une première étape, la France a rempli ses engagements en réalisant, dès 1946, d'importantes réformes comportant d'une part, la représentation de la population du Territoire dans les Assemblées parlementaires métropolitaines, lui permettant ainsi de participer activement à l'élaboration des lois applicables au Cameroun, d'autre part, la création d'une assemblée territoriale dotée de larges pouvoirs notamment celui de voter le budget.

Par la suite, la France a appelé les Camerounais à l'apprentissage de la gestion de leurs propres affaires sur le plan local, par la mise en place d'organismes de gestion municipale.

Une nouvelle étape a été franchie en 1957 sur la voie du progrès démocratique.

---

[1] A/C.4/388.

La Loi du 23 juin 1956 disposait, en son article 9, que le gouvernement français pourrait, compte tenu de l'Accord de tutelle et par décret pris après avis de l'assemblée territoriale et de l'assemblée de l'Union française, procéder pour le Cameroun, à des réformes institutionnelles, et en son article 10, que les élections à toutes les assemblées auraient lieu dorénavant au collège unique et au suffrage universel des adultes des deux sexes, âgés de 21 ans accomplis, quel que soit leur statut.

En application de ces dispositions, un projet de décret tendant à doter le Territoire d'une large autonomie interne a été immédiatement préparé, tandis qu'une révision exceptionnelle des listes électorales avait pour résultat l'inscription de 1 740 000 électeurs, soit plus de la moitié de la population.

L'assemblée territoriale, qui avait été élue en 1952 au double collège et suffrage restreint, et dont le mandant ne devait expirer qu'en mars 1957, fut dissoute par un décret du 8 novembre 1956. Une nouvelle assemblée fut élue le 23 décembre 1956, au suffrage universel direct et secret et au collège unique.

C'est cette assemblée qui fut habilitée à discuter du projet de statut et qui, après y avoir apporté une soixantaine d'amendements, l'adopta par 60 voix sur 68.

Le 16 avril 1957 était promulgué le décret n° 57-501.

Ce statut faisait du Cameroun un « État sous tutelle » soumis au régime de la démocratie parlementaire et créait une citoyenneté camerounaise. Les affaires proprement camerounaises passaient sous gestion du gouvernement camerounais, responsable devant l'assemblée législative.

L'article 59 de ce statut réservait à l'assemblée législative la possibilité de demander elle-même, par voie de résolution, la modification du statut du Cameroun, laissant ainsi aux représentants élus du peuple camerounais le soin de fixer eux-mêmes les dernières étapes de l'évolution de leur Territoire vers les fins ultimes du régime de tutelle.

Dans une résolution du 12 juin 1958, l'assemblée législative, conformément aux dispositions de cet article, demandait au gouvernement de la République française de modifier le statut du Cameroun de façon notamment à reconnaître à l'État du Cameroun son option en faveur de l'indépendance lors de la cessation de la tutelle internationale et à lui transférer toutes les compétences relatives à la gestion des affaires intérieures.

Par cette même résolution, elle invitait le gouvernement camerounais à négocier selon ces lignes générales les termes d'un nouveau statut, qui devait constituer la dernière étape avant l'accession à l'indépendance.

Considérant que la mise en application du statut du 16 avril 1957 avait permis, avec plein succès, de donner aux représentants du peuple camerounais de très larges responsabilités et fait effectuer au Cameroun, suivant les termes mêmes des conclusions adoptées par le Conseil de tutelle à sa 21ème session, « un pas important » vers les fins ultimes du régime de tutelle, conscient d'autre part de répondre aux aspirations librement exprimées des populations du Cameroun placé sous la tutelle de la France, le gouvernement français a donné un accord de principe aux demandes contenues dans la résolution de l'Assemblée législative du Cameroun.

Le gouvernement français et le gouvernement camerounais ont alors négocié les termes d'un nouveau statut et des conventions annexes destinées à en régler l'application dans le détail. Ces négociations ont abouti à l'adoption par les deux gouvernements d'un projet de statut nouveau.

Ce texte est actuellement soumis à l'avis de l'assemblée législative du Cameroun et pourrait entrer en vigueur le 1er janvier 1959 après mise au point définitive en accord entre les gouvernements français et camerounais.

Ce nouveau texte complète le statut de 1957 en donnant au Cameroun un régime de pleine autonomie.

Son préambule reconnaît pleinement l'option du peuple camerounais en faveur de l'indépendance, et affirme que les nouvelles institutions marquent « la dernière étape avant la levée de tutelle qui interviendra dans les conditions prévues par la Charte des Nations unies et l'Accord de tutelle ».

Ces dispositions essentielles transfèrent aux instances camerounaises l'exercice de tous les pouvoirs internes de législation, d'administration et de juridiction. Les nouvelles compétences relatives à la nationalité, à la justice, au maintien de l'ordre, à l'enseignement secondaire et supérieur marquent l'accession à l'autonomie interne totale définie par le vœu de l'assemblée législative du 12 juin 1958 ; la définition des rapports entre l'exécutif et le législatif, l'affirmation de l'indépendance du pouvoir judiciaire précisent et complètent les principes du régime de démocratie parlementaire instauré en 1957.

Dans cette dernière étape de transition, la puissance tutrice n'exerce plus de responsabilités que dans les domaines de la défense, des relations extérieures et de la monnaie, responsabilités qui découlent du fait que le Territoire est encore soumis au régime international de tutelle. Toutefois, afin de préparer les autorités de l'État sous tutelle à assumer la charge de ces compétences à partir de 1960, des conventions prévoient qu'elles soient associées à leur exercice.

Dans ces conditions et compte tenu de la résolution adoptée le 24 octobre 1958 par l'assemblée législative du Cameroun, le gouvernement de la République française estime que le moment est venu, où en plein accord avec le gouvernement et l'assemblée du Cameroun, les populations de ce Territoire doivent être appelées à franchir la dernière étape du régime de tutelle et qu'il convient de prévoir dès maintenant l'abrogation de l'Accord de tutelle.

Le gouvernement de la République française pense, après avoir envisagé avec les représentants de populations intéressées toutes les solutions relatives à leur statut futur, que l'accession à l'indépendance rencontre l'adhésion de l'opinion camerounaise. Il est d'avis que les Camerounais ont acquis les capacités nécessaires et que d'ailleurs tous les pouvoirs de législation et de gestion internes sont exercés de façon satisfaisante depuis bientôt deux ans par l'assemblée législative et le gouvernement camerounais et que le progrès du Cameroun permet d'augurer de façon favorable de son engagement dans la voie démocratique tracée par la Charte des Nations unies.

Le gouvernement de la République française rappelle que le Conseil de tutelle, au cours de sa 9ème session extraordinaire a considéré que la question de l'avenir du Cameroun présentait en ce mois de novembre 1958, une importance telle qu'il était souhaitable que la Mission de visite qui va se rendre dans le territoire, tînt compte des nouveaux évènements intervenus. Le mandat de cette Mission a donc été modifié en conséquence le 7 novembre 1958.

Afin d'éviter tout retard dans la réalisation des vœux des populations camerounaises, le gouvernement de la République française propose que le Conseil de tutelle soit prié par l'assemblée générale d'arrêter, compte tenu du rapport de la Mission de visite, toutes les mesures appropriées pour que l'assemblée générale puisse, au cours de sa 14e session, prendre une décision concernant la cessation du régime de tutelle simultanément avec l'accession du Cameroun à l'indépendance le 1er janvier 1960.

ANNEXE 8

Résolutions des Nations unies

RESOLUTIONS ADOPTEES PAR L'ASSEMBLEE GENERALE DU 20 FEVRIER AU 13 MARS 1959[1]

1349 (XIII). Avenir du Territoire sous tutelle du Cameroun sous administration française

L'Assemblée générale,

Rappelant sa résolution 1282 (XIII) du 5 décembre 1958, par laquelle elle a prié le Conseil de tutelle d'examiner, le plus tôt possible au cours de sa vingt-troisième session, les rapports de la Mission de visite des Nations Unies dans les Territoires sous tutelle de l'Afrique occidentale (1958) sur le Cameroun sous administration française et le Cameroun sous administration du Royaume-Uni, et de communiquer, le 20 février 1959 au plus tard, lesdits rapports, ainsi que ses observations et recommandations, à l'Assemblée générale, afin que celle-ci puisse, en consultation avec les Autorités administrantes, prendre les mesures nécessaires quant à la pleine réalisation des fins du régime de tutelle,

Ayant examiné le rapport spécial du Conseil de tutelle[2], ainsi que le rapport de la Mission de visite sur le Cameroun sous administration française[3] et les observations de l'Autorité administrante y relatives[4],

Tenant compte des déclarations faites à la Quatrième Commission par les représentants de l'Autorité administrante et par le Premier Ministre du Cameroun sous administration française[5],

Prenant note avec satisfaction de l'adoption par l'Assemblée législative du Cameroun sous administration française de la loi d'amnistie du 14 février 1959, et des assurances données par le Premier Ministre du Cameroun selon lesquelles cette loi est appliquée sur une base aussi étendue que possible et aussi rapidement que possible,

Prenant note des déclarations des représentants du Gouvernement camerounais selon lesquelles ce gouvernement souhaite le retour de tous les Camerounais qui ont quitté le pays depuis quelques années et les invite à reprendre une vie normale sans crainte de représailles,

Ayant reçu l'assurance, de la part des représentants de l'Autorité administrante et du Gouvernement camerounais, que le Territoire jouit de la liberté de la presse, de la liberté de réunion, de la liberté d'association politique et des autres libertés fondamentales,

Ayant été informée par le Premier Ministre du Cameroun sous administration française que le Gouvernement camerounais a pris un décret fixant au 12 avril 1959 les élections aux quatre sièges de l'Assemblée législative qui reviennent à la région de la Sanaga-Maritime, ainsi qu'aux deux autres sièges vacants de la subdivision de Mbouda,

Prenant note avec satisfaction de la déclaration du Premier Ministre du Cameroun sous administration française selon laquelle des élections générales auront lieu après l'indépendance parce que de telles élections seront alors nécessaires et utiles pour régler différentes questions constitutionnelles et autres,

Prenant note de la résolution adoptée par l'Assemblée législative du Cameroun le 24 octobre 1958, des conclusions de la Mission de visite et des déclarations de l'Autorité administrante et des représentants du Gouvernement camerounais, selon lesquelles la population du Cameroun désire l'indépendance et est prête à y accéder,

Tenant compte des déclarations de l'Autorité administrante et du Gouvernement du Cameroun sous administration française selon lesquelles le Territoire accédera à la pleine indépendance le 1er janvier 1960, ainsi que de l'assurance donnée par le représentant de la France selon laquelle son gouvernement appuiera la demande que le Gouvernement du Cameroun présentera alors en vue de l'admission du Cameroun comme Membre de l'Organisation des Nations Unies,

Ayant entendu les opinions exprimées par les pétitionnaires,

1. *Décide,* en accord avec l'Autorité administrante, que le 1er janvier 1960, lorsque le Cameroun sous administration française accédera à l'indépendance, l'Accord de tutelle approuvé par l'Assemblée générale le 13 décembre 1946 cessera d'être en vigueur, conformément à l'alinéa b de l'Article 76 de la Charte des Nations Unies;

2. *Exprime sa confiance* que des élections auront lieu le plus tôt possible après le 1er janvier 1960, date de l'accession à l'indépendance, pour la formation d'une nouvelle assemblée appelée à prendre des décisions concernant la mise en place des institutions définitives du Cameroun libre et indépendant;

3. *Recommande* qu'à son accession à l'indépendance, le 1er janvier 1960, le Cameroun sous administration française soit admis comme Membre de l'Organisation des Nations Unies, conformément à l'Article 4 de la Charte.

794ème séance plénière,
13 mars 1959.

---

[1] Résolutions adoptées sur le rapport de la Quatrième Commission. Pour le texte du rapport, voir *Documents officiels de l'Assemblée générale, treizième session, Annexes,* point 13 de l'ordre du jour, document A/4095.
[2] *Documents officiels de l'Assemblée générale, treizième session, Annexes,* point 13 de l'ordre du jour, document A/4094.
[3] *Documents officiels du Conseil de tutelle, vingt-troisième session, Supplément No 3* (T/1441), documents T/1427 et T/1434.
[4] *Documents officiels de l'Assemblée générale, treizième session, Annexes,* point 13 de l'ordre du jour, document A/4094, annexe III.
[5] Voir *Documents officiels de l'Assemblée générale, treizième session, Quatrième Commission,* 845ème, 846ème, 849ème, 860ème et 871ème séances.

1352 (XIV). Avenir du Territoire sous tutelle du Cameroun sous administration du Royaume-Uni: organisation du plébiscite dans la partie méridionale du Territoire

L'Assemblée générale,

Rappelant sa résolution 1350 (XIII) du 13 mars 1959 concernant l'avenir du Territoire sous tutelle du Cameroun sous administration du Royaume-Uni, dans laquelle elle exprimait l'espoir que tous les intéressés, dans le Territoire, s'efforceraient de parvenir à un accord avant l'ouverture de la quatorzième session de l'Assemblée générale sur les possibilités entre lesquelles le choix serait offert lors du plébiscite organisé au Cameroun méridional et sur les conditions à exiger pour participer au plébiscite,

Prenant note des déclarations faites par le représentant de l'Autorité administrante, par le Premier Ministre du Cameroun méridional et par le chef de l'opposition à la Chambre d'assemblée du Cameroun méridional, d'où il ressort qu'aucun accord n'est intervenu avant la quatorzième session de l'Assemblée générale sur les possibilités entre lesquelles le choix serait offert lors du plébiscite et sur les conditions à exiger pour participer au plébiscite, et que l'ajournement à une date ultérieure du plébiscite au Cameroun méridional aiderait à créer des conditions plus favorables pour déterminer les aspirations librement exprimées de la population,

Prenant note des opinions exprimées au cours du débat sur cette question à la quatorzième session de l'Assemblée générale [1],

Prenant note des déclarations faites par le Premier Ministre du Cameroun méridional et par le chef de l'opposition à la Chambre d'assemblée du Cameroun méridional au cours de la 898ème séance de la Quatrième Commission, le 7 octobre 1959,

1. *Décide* que les dispositions en vue du plébiscite visé dans la résolution 1350 (XIII) de l'Assemblée générale seront prises à partir du 30 septembre 1960 et que le plébiscite sera terminé en mars 1961 au plus tard;

2. *Recommande* que les deux questions posées lors du plébiscite soient les suivantes:

"*a*) Désirez-vous accéder à l'indépendance en vous unissant à la Fédération nigérienne indépendante?

"*b*) Désirez-vous accéder à l'indépendance en vous unissant à la République camerounaise indépendante?";

3. *Recommande* que seules les personnes nées au Cameroun méridional ou dont le père ou la mère est né au Cameroun méridional participent au plébiscite;

4. *Recommande* que l'Autorité administrante prenne, en consultation avec le Gouvernement du Cameroun méridional, des mesures pour effectuer la séparation administrative du Cameroun méridional et de la Fédération nigérienne le 1er octobre 1960 au plus tard.

829ème séance plénière,
16 octobre 1959.

---

[1] *Documents officiels de l'Assemblée générale, quatorzième session, Quatrième Commission,* 885ème à 899ème et 901ème à 903ème séances.

1473 (XIV). Avenir du Territoire sous tutelle du Cameroun sous administration du Royaume-Uni: organisation d'un nouveau plébiscite dans la partie septentrionale du Territoire

L'Assemblée générale,
Rappelant sa résolution 1350 (XIII) du 13 mars 1959, concernant l'avenir du Territoire sous tutelle du Cameroun sous administration du Royaume-Uni, dans laquelle elle recommandait qu'un plébiscite ait lieu au Cameroun septentrional en novembre 1959 et priait le Commissaire des Nations Unies aux plébiscites de présenter au Conseil de tutelle, à temps pour que l'Assemblée générale puisse l'examiner à sa quatorzième session, un rapport sur l'organisation, la conduite et les résultats de ce plébiscite,

Ayant examiné le rapport du Commissaire des Nations Unies aux plébiscites [37] et le rapport du Conseil de tutelle y relatif [38],

Notant, d'après le rapport du Commissaire des Nations Unies aux plébiscites, que la population du Cameroun septentrional a décidé à une importante majorité qu'elle préférait que l'avenir du Cameroun septentrional soit décidé plus tard.

Notant en outre que le Commissaire des Nations Unies aux plébiscites est convaincu que le plébiscite a été organisé de manière équitable et impartiale,

Prenant note de la déclaration que le représentant de l'Autorité administrante a faite à la 988ème séance de la Quatrième Commission, le 5 décembre 1959, selon laquelle des mesures sont prises d'urgence pour apporter des réformes au système d'administration locale du Cameroun septentrional,

Ayant entendu le pétitionnaire,

Considérant que la date extrêmement rapprochée des élections à l'Assemblée législative de la Fédération nigérienne empêche l'Assemblée générale de prendre une décision quelconque en ce qui concerne la participation ou la non-participation de la population du Cameroun septentrional à ces élections,

1. *Exprime sa vive gratitude* au Commissaire des Nations Unies aux plébiscites et au personnel de l'Organisation des Nations Unies placé sous sa direction pour la tâche qu'ils ont accomplie;

2. *Recommande* à l'Autorité administrante, en conformité de l'alinéa b de l'Article 76 de la Charte des Nations Unies et en consultation avec le Commissaire des Nations Unies aux plébiscites, organise sous la surveillance de l'Organisation des Nations Unies un nouveau plébiscite au Cameroun septentrional, les dispositions en vue de ce plébiscite devant être prises à partir du 30 septembre 1960, et que le plébiscite soit terminé en mars 1961 au plus tard;

3. *Décide* que les deux questions posées lors du plébiscite seront les suivantes:

"*a*) Désirez-vous accéder à l'indépendance en vous unissant à la République camerounaise indépendante?

"*b*) Désirez-vous accéder à l'indépendance en vous unissant à la Fédération nigérienne indépendante?";

4. *Recommande* que le plébiscite ait lieu au suffrage universel des adultes, toutes les personnes âgées de plus de vingt et un ans et résidant habituellement au Cameroun septentrional pouvant participer au plébiscite;

5. *Prie* le Commissaire des Nations Unies aux plébiscites de présenter au Conseil de tutelle un rapport sur l'organisation, la conduite et les résultats de ce plébiscite, pour que le Conseil le transmette à l'Assemblée générale, accompagné de toutes recommandations et observations qu'il jugera nécessaires;

6. *Recommande* que les mesures voulues soient prises sans retard en vue d'une plus ample décentralisation des pouvoirs administratifs et de la démocratisation effective du système d'administration locale dans la partie septentrionale du Territoire sous tutelle;

7. *Recommande* que l'Autorité administrante prenne sans retard des mesures pour effectuer la séparation administrative du Cameroun septentrional et de la Nigéria, et que cette séparation soit achevée le 1er octobre 1960;

8. *Prie* l'Autorité administrante de faire rapport au Conseil de tutelle, lors de sa vingt-sixième session, au sujet de ladite séparation, et prie le Conseil de soumettre à l'Assemblée générale, lors de sa quinzième session, un rapport sur cette question;

9. *Déclare* que la participation du Cameroun septentrional aux élections à l'Assemblée législative fédérale ne devra en aucune manière gêner ou influencer le libre choix de la population du Cameroun septentrional lorsqu'elle décidera de son avenir lors du prochain plébiscite.

857ème séance plénière,
12 décembre 1959.

---
[37] *Ibid.*, point 41 de l'ordre du jour, documents A/4314 et Add:1.
[38] *Ibid.*, document A/4313.

133 (1960). Résolution du 26 janvier 1960

[S/4258 et Add.1]

Le Conseil de sécurité,

Ayant examiné la demande de la République du Cameroun [16],

Recommande à l'Assemblée générale d'admettre la République du Cameroun comme Membre de l'Organisation des Nations Unies.

Adoptée à l'unanimité à la 850ᵉ séance.

1476. (XV). Admission de la République du Cameroun à l'Organisation des Nations Unies

L'Assemblée générale,

Ayant reçu la communication du Conseil de sécurité, en date du 26 janvier 1960, recommandant l'admission de la République du Cameroun à l'Organisation des Nations Unies[1],

Ayant examiné la demande d'admission de la République du Cameroun[2],

Décide d'admettre la République du Cameroun à l'Organisation des Nations Unies.

864ème séance plénière, 20 septembre 1960.

RESOLUTION

adoptée par le Conseil à sa dixième session extraordinaire

2007 (S-X). Avenir du Territoire sous tutelle du Cameroun sous administration du Royaume-Uni : rapport du Commissaire des Nations Unies aux plébiscites sur le plébiscite dans la partie septentrionale du Territoire

Le Conseil de tutelle,

Rappelant que l'Assemblée générale l'a prié, dans sa résolution 1350 (XIII) du 13 mars 1959, de lui transmettre, à temps pour qu'elle puisse l'examiner avant la fin de sa quatorzième session, le rapport du Commissaire des Nations Unies aux plébiscites sur le plébiscite organisé au Cameroun septentrional, accompagné de toutes recommandations et observations qu'il jugerait nécessaires,

Tenant compte de la nécessité de permettre à l'Assemblée générale d'examiner au plus tôt ce rapport,

1. *Prend acte* du rapport du Commissaire des Nations Unies aux plébiscites[1] ;

2. *Exprime ses vifs remerciements* au Commissaire des Nations Unies aux plébiscites et à son personnel pour la tâche qu'ils ont accomplie ;

3. *Transmet* le rapport à l'Assemblée générale pour examen.

1042ème séance, 2 décembre 1959.

---

[1] T/1491 et Corr.1 et Add.1. Distribué également sous la cote A/4314 et Add.1 ; voir *Documents officiels de l'Assemblée générale, quatorzième session, Annexes*, point 41 de l'ordre du jour, additif.

1608 (XV). Avenir du Territoire sous tutelle du Cameroun sous administration du Royaume-Uni

L'Assemblée générale,

Rappelant sa résolution 1350 (XIII) du 13 mars 1959 concernant l'avenir du Territoire sous tutelle du Cameroun sous administration du Royaume-Uni, dans laquelle elle recommandait notamment que l'Autorité administrante prenne, en consultation avec le Commissaire des Nations Unies aux plébiscites pour le Cameroun sous administration du Royaume-Uni, des mesures pour organiser, sous la surveillance de l'Organisation des Nations Unies, des plébiscites séparés dans la partie septentrionale et dans la partie méridionale du Cameroun sous administration du Royaume-Uni, afin de déterminer les aspirations des habitants du Territoire au sujet de leur avenir, et recommandait également qu'au Cameroun septentrional le plébiscite ait lieu vers la mi-novembre 1959, sur la base des deux questions formulées au paragraphe 2 de ladite résolution,

Rappelant sa résolution 1352 (XIV) du 16 octobre 1959 par laquelle elle a décidé notamment qu'un plébiscite serait organisé au Cameroun méridional entre le 30 septembre 1960 et le mois de mars 1961, sur la base des deux questions formulées au paragraphe 2 de ladite résolution,

Rappelant en outre sa résolution 1473 (XIV) du 12 décembre 1959 dans laquelle l'Assemblée générale, ayant examiné les résultats du plébiscite organisé dans la partie septentrionale du Cameroun sous administration du Royaume-Uni, recommandait que l'Autorité administrante, en consultation avec le Commissaire des Nations Unies aux plébiscites, organise sous la surveillance de l'Organisation des Nations Unies un nouveau plébiscite au Cameroun septentrional entre le 30 septembre 1960 et le mois de mars 1961, sur la base des deux questions formulées au paragraphe 3 de ladite résolution,

Ayant examiné le rapport du Commissaire des Nations Unies aux plébiscites sur les deux plébiscites qui ont eu lieu au Cameroun septentrional et au Cameroun méridional en février 1961[1], ainsi que le rapport du Conseil de tutelle à ce sujet[2],

Ayant entendu les pétitionnaires,

1. *Exprime* sa vive gratitude au Commissaire des Nations Unies aux plébiscites pour le Cameroun sous administration du Royaume-Uni et à son personnel pour la tâche qu'ils ont accomplie ;

2. *Prend acte* des résultats des plébiscites selon lesquels :

a) La population du Cameroun septentrional a décidé, à une majorité importante, d'accéder à l'indépendance en s'unissant à la Fédération de Nigéria indépendante ;

b) La population du Cameroun méridional a également décidé d'accéder à l'indépendance en s'unissant à la République du Cameroun indépendante ;

3. *Estime* que, les populations des deux parties du Territoire sous tutelle ayant librement exprimé, au cours d'un scrutin secret, leurs aspirations au sujet de leur avenir respectif conformément aux résolutions 1352 (XIV) et 1473 (XIV) de l'Assemblée générale, les décisions qu'elles ont prises par des moyens démocratiques, sous la surveillance de l'Organisation des Nations Unies, doivent immédiatement être mises en œuvre ;

4. *Décide* que, les plébiscites ayant eu lieu séparément avec des résultats différents, l'Accord de tutelle du 13 décembre 1946 relatif au Cameroun sous administration du Royaume-Uni prendra fin, conformément à l'alinéa b de l'Article 76 de la Charte des Nations Unies et en accord avec l'Autorité administrante, dans les conditions suivantes :

a) En ce qui concerne le Cameroun septentrional, le 1er juin 1961, au moment où le Cameroun septentrional s'unira à la Fédération de Nigéria en tant que province séparée de la Région du Nord de la Nigéria ;

b) En ce qui concerne le Cameroun méridional, le 1er octobre 1961, au moment où le Cameroun méridional s'unira à la République du Cameroun ;

5. *Invite* l'Autorité administrante, le Gouvernement du Cameroun méridional et la République du Cameroun à entamer d'urgence des pourparlers afin de prendre, avant le 1er octobre 1961, les dispositions nécessaires pour que soient mises en œuvre les politiques concertées et déclarées des parties intéressées.

*994ème séance plénière,
21 avril 1961.*

---
[1] *Ibid.*, additif au point 13 de l'ordre du jour, document A/4727.
[2] *Ibid.*, point 13 de l'ordre du jour, document A/4726.

Annexe 9
Pétition de l'Union camerounaise et du Rassemblement colonial à la Société des Nations[2]
9 mai 1937

Au nom de l'Union camerounaise, association de Camerounais ayant son siège à Paris, et du Rassemblement colonial, groupement d'associations des originaires des colonies françaises, j'ai l'honneur de présenter à la bienveillante attention de la Société des nations, la pétition ci-jointe, tendant à obtenir que le statut du mandat A soit concédé au Cameroun.

L'Union camerounaise, demanderesse, attache une valeur symbolique à l'appui que les originaires des colonies françaises apportent à sa pétition, par l'intermédiaire du Rassemblement colonial.

Elle a la conviction que les nations de la Haute assemblée voudront aussi faire du même esprit de désintéressement et de solidarité que les peuples coloniaux, et donner leur assentiment au vœu formulé par les Camerounais.

Pour le Rassemblement colonial et l'Union camerounaise

Le président de l'Union camerounaise

Mandessi Bell

Pétition adressée à la Société des nations par l'Union camerounaise, appuyée par le Rassemblement colonial, pour que le régime du mandat A soit accordé au Cameroun

Depuis plus de vingt ans, les puissances mandataires au Cameroun appliquent à ce pays le système d'administration dénommé mandat B, qui implique le statut colonial. Or ce statut est essentiellement caractérisé par le fait que toutes les responsabilités, qu'elles soient politiques, économiques ou sociales, sont assumées par la puissance mandataire.

Un tel système peut, a priori, paraître avantageux au point de vue matériel, pour les populations administrées, puisqu'il les dispense d'avoir à assurer elles-mêmes leur bien-être. Mais, d'une part, son maintien n'est pas

---

[2] Cf. Moume-Etia Léopold, *Cameroun, les années ardentes*, JALIVRES, 1991, pp. 99-101.

compatible avec l'esprit du mandat, tel, du moins, que les populations l'ont compris et accepté ; d'autre part, son application efficace se heurte à des difficultés, dont certaines peuvent être considérées comme insurmontables, parce qu'inhérentes à la nature humaine.

Les arguments que nous faisons valoir pour l'octroi du mandat A au Cameroun résultent de ces deux remarques et sont les suivants.

1. Au point de vue matériel, les puissances mandataires ont eu vingt ans de délai pour former des éléments indigènes en état de prendre un certain nombre de responsabilités, ce qui est d'autant plus suffisant qu'elles n'avaient pas affaire à des populations manquant totalement d'expérience ou d'instruction. Il nous apparaît donc possible et légitime de commencer à remettre au peuple camerounais certains leviers de commande.

2. Malgré les louables efforts des puissances mandataires, les suggestions que comporte le système actuel de la responsabilité totale dépassent visiblement les possibilités d'exécution de leurs fonctionnaires, et sont pour eux une charge écrasante. Cela ressort pleinement du « Mémoire » joint à la présente pétition et rédigé par l'Union camerounaise. Ce « Mémoire » fait apparaître la situation lamentable actuelle du Cameroun, *qui tombe en décadence, se dépeuple et s'infecte de maladie diverse.*

   Une administration coloniale telle qu'elle devrait être suppose, de la part des responsables, un esprit de dévouement aux indigènes qui n'est pas dans la nature humaine. Il n'est pas humain, en effet, d'attendre de telles abnégations des fonctionnaires et colons, en faveur des gens qui leur sont étrangers par le sang, la race, la langue et les coutumes.

   En fait, malgré les exceptions auxquelles nous rendons hommage, ces dirigeants s'attachent, souvent inconsciemment, à satisfaire, tout d'abord, les intérêts de leurs semblables.

3. La différence très sensible existant entre les principes d'administration coloniale anglais et français conduirait, si le mandat B se perpétuait, les deux parties du Cameroun, qui sont constituées des mêmes clans et collectivités, à évoluer dans des sens différents. Cela constituerait un douloureux écartèlement du pays, dont les deux fractions tendraient ainsi à s'éloigner l'une de l'autre.

4. Le maintien du mandat B, signifiant le maintien du système colonial, autorise, par cela même, l'Allemagne à réclamer la rétrocession de ce qu'elle appelle ses anciennes colonies ; car une rétrocession, dans ces

conditions, ne serait qu'un changement dans le personnel administratif, sans constituer un changement dans le statut des populations.

Au contraire, l'octroi du mandat A, en libérant le Cameroun du statut colonial, supprimerait toute apparence de légitimité aux prétentions allemandes, lesquelles signifieraient alors le retour sous tutelle des populations bénéficiant déjà d'un commencement d'émancipation.

En résumé, le développement politique, les intérêts et la dignité des populations du Cameroun exigent que, conformément aux vœux de ces populations et à l'esprit du mandat, le Cameroun soit doté, sans plus attendre, du mandat A, seul susceptible de l'acheminer vers cette indépendance nationale à laquelle il aspire et seul capable de sauver ce pays des maux qui l'accablent.

Mandessi Bell, Président de l'Union camerounaise
Moume-Etia, Secrétaire général de l'Union camerounaise
Toubland, Président du Rassemblement colonial
E. Faure, Secrétaire général du rassemblement colonial

Annexe 10
Lettre de démission du RDPC John Ngu Foncha

Yaounde, 9 th June 1990

RESIGNATION FROM THE CPDM

Your Excellency,

I have the honour to inform Your Excellency that after careful consideration and careful thought, I have decided to address to you my resignation from the Cameroon's People's Democratic Movement (CPDM) and my reasons for resigning are as follows :

The CPDM which elected me as its first National Vice President is the party which forms the GOC and has been responsible for shaping government policies.

As the National Vice President of the party, I have found it impossible to use my exalted position to help in any way shape or influence the policies of the party and nation because :

1) Demands by me for audience with the Chairman (President) of the party to discuss issues have been systematically turned down.

2) Several memos and representations I have made in writing on several important national issues have been ignored.

During my political career which spans over forty years, I headed the group that campaigned for and got the peoples of the then the Southern Cameroons to vote for unification, after which I went from village to village in the then East Cameroun at the risk of my life to calm terrorism which existed at the time. I even housed some Cameroonians wanted in East Cameroon. I successfully had them reconcile with the Ahidjo government. I missed being shot down on my way from Bafang on peace making mission.

After unification, a lot of Cameroonians had confidence in me and when the first Presidential elections were coming up, many people urged me to stand against President Ahidjo. I decided to go for the Vice Presidency instead in order to avoid unnecessary conflict and further bloodshed.

When President Ahidjo decided to get rid of me as the Vice President, a lot of Cameroonians sympathized with me and urged me to make an issue out of it, but for the love of peace, I came back quietly to live in my village as a private citizen.

After settling in my village, I was occasionally consulted on some national issues and I accepted to serve the people of Cameroun in whatever capacity it pleased the powers that be to put me. When the leadership of Cameroun changed hands and Your Excellency became the President of the Republic and eventually head of the CNU, I assured Your Excellency that I was at your disposal and ready from my experience to give you advice you may need on national issues.

1) Unfortunately this was not to be as it became clear to me that I had become an irrelevant nuisance that had to be ignored and ridiculed. I was to be used now only as window dressing and not listened to. I am most of the time summoned to meetings by radio without any courtesy of my consultation on the agenda.

2) All projects of the former West Cameroon I had either initiated or held very dear to my heart had to be taken over, mismanaged and ruined, e.g. Cameroon Bank, West Cameroon Marketing Board, WADA in Wum, West Cameroon Cooperative Movement.

3) Whereas I spent all my life fighting to have a deep sea port in Limbe (Victoria) developed, this project had to be shelved and instead an expensive pipeline is to be built from SONARA in Limbe to Douala in order to pipe the oil to Douala.

4) All the roads in West Cameroon my government had either built, improved or maintained were allowed to deteriorate making Kumba-Mamfe, Mamfe-Bamenda, Bamenda-Wum-Nkambe, Bamenda-Mom inaccessible by road. Projects were shelved even after petrol produced enough money for building them and the Limbe sea port.

5) All progress of employment, appointments, etc. meant to promote adequate regional representation in government and its services have been revised or changed at the expense of those who stood for TRUTH and justice. They are identified as « Foncha-man » and put aside.

6) The Southern Cameroonian whom I brought into the Union have been ridiculed and referred to as « les Biafrians », « les enemies dans la maison », « les traites », etc. and the constitutional provisions which protected this Southern Cameroonian minority have been suppressed, their voices drowned while the rule of the gun has replaced the dialogue which Southern Cameroonians cherish very much.

7) The national media has been used by the government through people who never voted for unification to misinform the citizens about Bamenda, deliberate lies have been told over the mass media all in an attempt to isolate the Southern Cameroonian Cameroonians who voted for unification and subject them to hatred and more discrimination and harassment from other Cameroonians.

8) Embezzlement of Public funds in all forms and illegal exportation of our currency by the privileged class seems to go without reprimand but is rather condoned.

9) The constitution which I have held and preached as the supreme law of the land is in many respects being ignored or manipulated... Let the CPDM not move towards the direction where it will find itself collapsing faster than many of the « strong » governments that have collapsed in recent memory. My resignation is effective from today the 9 th June 1990.

Thank You.

I have the Honor to be.

Yours Respectfully,

Dr. J.N. Foncha

Annexe 11
Lettre de démission de Solomon Tandeng Muna du Comité consultatif constitutionnel Décembre 1994

Honorable Monsieur le Premier Ministre et Président,

Membres de ce Comité Consultatif,

Depuis le jeudi 15 décembre quand cette auguste Assemblée a été inaugurée par son Excellence le Président de la République, je suis assis dans cette Assemblée, espérant que le rêve que nous anglophones du Cameroun avons eu, se réaliserait de mon vivant.

Le rêve d'un Cameroun, une partie parlant français, et l'autre parlant anglais, inspiré par nos liens familiaux et ethniques transfrontaliers, vivront ensemble dans la confiance mutuelle, l'harmonie et la compréhension, sans qu'une partie cherche à dominer l'autre, et jouissant mutuellement des richesses et du développement.

C'est ce rêve qui nous a conduits à quitter l'Assemblée du Nigeria Oriental pour rechercher notre propre région autonome, en vue d'une éventuelle réunification.

C'est ce rêve qui m'a amené à démissionner du KNC pour rejoindre l'honorable Dr J. N. Foncha dans le KNDP, quand le KNC avait abandonné notre but chéri.

C'est ce rêve qui m'a fait battre campagne pour la réunification pendant le plébiscite, en dépit du fait qu'une guerre civile éclatait dans « *La République du Cameroun* » et la violence politique se propageait.

En dépit de toutes ces incertitudes, les Camerounais anglophones du « *Southern Cameroons* » ont seuls voté pour rejoindre leurs frères de « *La République du Cameroun* ».

Un peuple saurait-il jamais montrer autant de bonne volonté, de confiance, d'assurance et d'amour fraternel !

Trente-quatre ans durant, les Camerounais anglophones ont fait preuve de la même confiance et de la même assurance, pour voir leur style de vie s'éroder continuellement, leur système de maintien de la loi et de l'ordre changé, leur système juridique changé, leur système administratif changé, leur système de développement changé, leur système éducatif menacé et seulement sauvé par l'Office du GCE, après des années de lutte sous la primature du Président de ce Comité. Aucun de ces changements n'a apporté une satisfaction ni morale ni matérielle. Il y a environ deux ans, les Camerounais anglophones se sont organisés au sein de la All Anglophone Conférence, aujourd'hui devenue *Southern Cameroon National Council*, pour exiger un retour au style de vie qu'ils avaient connu. On les ignora complètement, bien que personne ne peut contester le fait que leur organisation représente les vœux de la vaste majorité des Camerounais anglophones. Assis ici dans cette Assemblée depuis quelques jours, je croyais que je pouvais parler en leur nom. Mais maintenant, je suis convaincu que tout est faussé. Il est dommage que le gouvernement n'ait jamais voulu les écouter. Ce n'est pas juste qu'ils ne soient pas ici aujourd'hui. Tout ceci est faussé. À mon âge avancé, je ne peux pas prétendre que je représente les rêves de cette jeune génération. J'ai eu mes rêves, ils ont droit aux leurs. Ils devraient être ici et être entendus. Je pourrais donner des conseils, mais je refuse de ne pas parler pour eux.

Comme nous approchons des discussions relatives à la régionalisation, je pose la question :

Quels sont leurs rêves à ce sujet ?

Ils ont déjà exigé un retour à la fédération.

Après quarante ans d'activité politique, mon expérience est que la fédération demeure la meilleure option pour maintenir une nation unie et pour promouvoir le développement. Ils devraient être ici pour vous dire quel Cameroun ils veulent pour l'avenir.

Dire qu'ils sont des sécessionnistes est un lâche prétexte pour ne pas les écouter.

La fédération est sûrement la forme de gouvernement la plus proche du peuple. Les fédérations existent dans d'autres pays, le Nigéria est notre voisin, pourquoi nous mentons-nous en l'assimilant à la sécession ?

Je suis un homme de paix. Je voudrais que ce pays continue sur la voie de la paix.

La question est, la paix sera-t-elle apportée par la manière dont cette conférence a été organisée ?

Les membres ont été convoqués dans un très court délai. Il n'y eut ni Président ni bureaux indépendants. Le choix des membres du comité n'a pas été fait en incluant un large éventail de Camerounais des domaines politique, social et culturel. Un délai arbitraire a été fixé pour les délibérations, bien qu'il n'y ait aucune urgence évidente, étant donné que le président de la République et l'Assemblée nationale sont maintenus jusqu'au terme de leurs mandats. Ceci a déjà produit beaucoup d'amertume dans l'esprit de la grande majorité de notre peuple. Le projet de Constitution, telle que présentée, et après que le travail soit accompli, produira-t-il la paix ? J'en doute. Elle produira plus de conflits sociaux, en particulier au Cameroun anglophone, qui se sentira plus frustré, et pourrait recourir à la violence. Je ne saurai plus siéger ici. Si nous commettons une erreur, nous devons la commettre par excès de précautions.

Monsieur le Président, honorables membres, prenons une pause et réfléchissons encore. Suggérons au président de la République qu'en toute sincérité, nous ne saurions continuer. Ne nous voilons pas la face, si nous ne veillons pas à ce qu'une constitution vraiment nouvelle soit rédigée, d'autres le feront à l'avenir, et si ceci se faisait avec du sang versé, alors nous serions tenus pour responsables d'être restés silencieux quand nous aurions dû nous élever. Nous serons tenus pour responsables de n'avoir pas donné le bon conseil.

Au fait qui protégeons-nous dans cette constitution ? Le gouvernement ou le peuple ?

Si nous protégeons le peuple, nous devrions nous assurer que ce forum est démocratiquement représentatif.

Pour être tout à fait franc avec vous, Mesdames et Messieurs, bien que nous ayons révisé un certain nombre de sections des amendements proposés, je reste convaincu que ce n'est pas le type de constitution que mérite le grand peuple du Cameroun. Le projet manque de substance et de véritables garanties requises dans toute société démocratique. En voici quelques exemples :

1. La question des droits de l'homme n'est mentionnée que dans le préambule et non dans le corps de la constitution ; ils sont énoncés comme une affirmation et non comme des droits exécutoires, avec des organes établis pour les promouvoir et les défendre.

2. L'Assemblée nationale étant une Chambre de représentants n'a pas été constituée sur la base d'une représentation égalitaire.

3. Le Sénat a effectivement la notion de représentation égalitaire comme seconde chambre, mais ici aussi, deux cinquièmes de ses membres sont nommés et le Sénat reçoit un pouvoir égal à celui de la Chambre des représentants.

4. Le judiciaire est de nouveau maintenu en tant qu'autorité sous l'exécutif.

5. Les pouvoirs du conseil régional ne sont pas inscrits dans la constitution et le gouverneur régional est nommé, créant un possible

conflit entre lui et le président élu du conseil. Il n'y a pas de droits régionaux.

Monsieur le Président, honorables membres honorables du Comité,

Le Cameroun est-il de facto, une fédération ou non ?

Certains peuvent choisir de fermer les yeux sur le fait évident que le Cameroun l'est, comme le confirme l'Article 61 du présent projet de constitution qui stipule :

> *La législation résultant des lois et règlements applicables dans l'État Fédéral du Cameroun et dans les États fédérés à la date de prise d'effet de la présente constitution reste en vigueur dans ses dispositions qui ne sont pas contraires aux stipulations de celle-ci, tant qu'elle n'aura pas été modifiée par voie législative ou règlementaire.*

Nous gérons en fait une fédération sans structure fédérale. Pourquoi serions-nous maintenant étonnés par le chaos qui en résulte ? Nous devrions faire face aux faits et ramener la structure fédérale pour contenir cette fédération de facto.

Pour terminer Monsieur le Président, je suis resté aussi longtemps pour voir si quelque chose d'utile pouvait sortir de cette Assemblée. Mais je suis consterné par la propagande que les médias du gouvernement ont fait de la présence de certains participants à ce Comité, au lieu d'informer le peuple camerounais de la substance de nos discussions. Ceci m'a incité à me demander pourquoi nous délibérons en secret de quelque chose qui concerne tous les Camerounais, quand cela devrait être télévisé et ouvert à la presse, afin que tous les Camerounais puissent suivre comment nous élaborons leur loi la plus fondamentale : la Constitution dans laquelle résident tous leurs droits, libertés.

En conclusion, je ne rendrais point un service appréciable à la nation et au peuple camerounais, par ma participation continue comme membre de ce comité.

Je lance plutôt un vibrant appel patriotique au président de la République, Son Excellence Paul Biya, pour voir le danger qui se profile, pour passer en revue toute cette situation et convoquer une Conférence Constitutionnelle appropriée et démocratiquement constituée, afin qu'un véritable et authentique consensus soit obtenu. Cette constitution devrait alors être soumise au peuple par voie de référendum. Il est inutile de dire qu'il n'y a pas d'argent pour mener un référendum. Si nous pouvons aller vers le peuple pour collecter des fonds pour le football avec « l'opération coup de cœur », nous pouvons sûrement collecter dix fois cette somme d'argent pour une

Constitution qui concerne chaque Camerounais. Quand le peuple saura que c'est pour une Constitution qui a été librement, franchement et démocratiquement rédigée, il contribuera.

J'espère que mon plaidoyer est entendu et pris au sérieux.

Monsieur le Président, que Dieu bénisse tous les Camerounais et cette merveilleuse nation.

Je vous souhaite à tous une très heureuse nouvelle année.

Solomon Tandeng Muna

Annexe 12
Transcription Interview CRTV Radio de Paul Atanga Nji, ministre Chargé de Mission à la Présidence de la République 20 novembre 2016

Madeleine Soppi Kotto, Journaliste de la CRTV : Monsieur Paul Atanga Nji, est-ce qu'il y a un problème anglophone au Cameroun ?

Paul Atanga Nji, Ministre chargé de Mission à la Présidence de la République : Je dis d'emblée qu'il n'y a aucun problème anglophone au Cameroun, et ceux qui en parlent, je peux dire que c'est des imposteurs qui sont en quête de notoriété.

Nous l'avons souvent dit et je le dis encore qu'il n'y a aucun problème anglophone au Cameroun.

Les Anglophones ne sont pas marginalisés au Cameroun.

Et je peux dire sans le risque de me tromper que le président Paul Biya depuis 1982 a plutôt accordé aux Anglophones un traitement préférentiel. Et c'est ça qu'il faut retenir.

MSK : Vous parlez pour vous-mêmes ou vous parlez des réalités ?

PAN : Moi je parle des réalités.

À chaque fois que le président Biya a décidé de faire un mouvement politique important, il a toujours commencé à Bamenda. Les preuves sont là. Vous savez, le RDPC a été lancé à Bamenda, le cinquantenaire de l'Armée c'était à Bamenda, le 1er Comice agropastoral de l'ère du Renouveau c'était à Bamenda, et puis même la 1re visite du président Biya en tant que Chef d'État c'était à Bamenda.

Ça veut donc dire qu'il s'était aligné avec les Anglophones et il a voulu prouver aux Anglophones qu'il est le président des Camerounais mais qu'il est plus proche des Anglophones.

MSK : Alors au mouvement d'humeur des enseignants et des avocats qui prend donc finalement des proportions inattendues, on doit le dire, peut-on avec un peu de recul maintenant comprendre ce qui a finalement allumé la mèche ?

PAN : Je crois que les avocats sont manipulés. Les enseignants aussi, quelques-uns sont manipulés.

Nous avons la preuve, il y a des avocats qui ont reçu de l'argent de l'étranger et puis ils ont donné cet argent aux enseignants ils ont donné à certaines personnes en leur disant que nous avons des revendications mais il faut beaucoup plus parler des problèmes de sécession des problèmes de l'unité nationale il faut beaucoup plus parler de la marginalisation des anglophones.

Et ça en tant qu'élites nous ne pouvons pas l'accepter, parce que le Cameroun est un pays uni, et je dis un pays indivisible.

Et puis les fondamentaux de l'État ne peuvent pas être remis en cause.

C'est vrai le Cameroun c'est un État de droit, c'est pays ouvert, le président de la République a donné, ... il y a la liberté, tous les gens s'expriment comme ils veulent. Mais il ne faut pas en abuser.

MSK : Vous pensez que c'est ce qui s'est passé ?

PAN : Vous savez au départ les avocats parlent des problèmes avec le droit. Mais je pense que le ministre d'État, ministre de la Justice, il a appelé ces avocats anglophones de venir à une réunion, ils ne sont pas venus. Mais les vrais avocats anglophones ont assisté à la réunion de Monsieur ministre d'État.

Alors je crois quand même qu'il faut le savoir, et il faut le dire.

Un avocat a une relation avec un client. Vous prenez de l'argent à un client vous dites que vous n'allez pas au Tribunal. Vous êtes en infraction, c'est de l'escroquerie ! Donc il faudrait que les avocats sachent qu'ils n'ont pas l'immunité. C'est un message assez clair.

Le ministre d'État, ministre de la Justice a créé un cadre de dialogue. C'est au sein de ce cadre de dialogue créé par le ministre d'État de la Justice, soutenu par le gouvernement qu'on doit débattre de tous ces problèmes.

Et pour le problème des enseignants, c'est le même problème.

Parce que vous savez, vous commencez un mouvement vous ne savez même pas là où ça peut vous amener.

Donc vraiment, je suis là pour sensibiliser, en disant que le désordre ne sera pas accepté. Et personne n'a été mandaté pour parler au nom des Anglophones. Nous avons des élus, nous avons des maires, des députés, des sénateurs. C'est des élus locaux. S'il y a des problèmes dans une communauté c'est eux qui parlent au nom des populations. Ce n'est pas une association. Les avocats sont regroupés au sein du Barreau.

J'entends dire qu'il y a le *Meme Lawyers Association*, le *North West Lawyers Association*, ça n'existe pas. Tout ça c'est illégal. Ils ont un Barreau, et puis le Barreau a les représentants dans les régions. C'est comme ça que ça fonctionne.

Donc je voulais dire sincèrement Madame Soppi que, d'abord les Anglophones ne sont pas marginalisés, je vous en donne quelques preuves. Il y 8 universités d'État au Cameroun, 3 sont dirigées par des Anglophones. Vous êtes dans un pays où le directeur général des Douanes est un Anglophone, le directeur général du Trésor c'est un Anglophone. À eux seuls ils gèrent près 3000 milliards de francs. Mais c'est des postes de confiance. Le Premier ministre est le Chef du Gouvernement. Depuis 1992, c'est des Anglophones.

Comment dans un tel contexte où les Anglophones ont pratiquement tous les postes de responsabilité importants dans ce pays on parle de la marginalisation des Anglophones ? Mais vraiment c'est une imposture, c'est un mensonge, c'est des affabulations que nous ne pouvons pas tolérer, et nous devons leur dire que trop c'est trop ! on ne va pas accepter le désordre, le désordre ne passera pas ! C'est un message clair.

MSK : Vous êtes le Secrétaire permanent du Conseil national de la sécurité, vous êtes ministre Chargé de mission, vous êtes par ailleurs acteur politique, est-ce que précisément il y avait quelques signes précurseurs de cette escalade parce que plus vous nous expliquez, plus on a du mal à comprendre pourquoi les choses ont pu dégénérer à ce point ?

PAN : Bon dégénérer c'est trop dire. Vous savez il y a des gens qui ont été manipulés, les enseignants ont été manipulés, il y a les forces étrangères.

Je dis bien que les avocats qui se réclament de cette association et qui font des revendications fantaisistes ont reçu de l'argent. Les enseignants ils ont aussi reçu de l'argent des gens qui leur dit ne parlez plus de vos questions. Parlez de la sécession, parlez du retour au fédéralisme, parlez de la marginalisation des anglophones. Et les gens qui ont été interpellés sont passés aux aveux complets. En disant qu'ils ont été manipulés.

MSK : Les gens qu'on aurait déjà libérés rassurez-nous.

PAN : Non, il y en a encore qui sont en exploitation au niveau de la police et de la gendarmerie.

Et puis le meneur, Monsieur Mancho, moi je lui demande de se rendre au commissariat le plus proche. Parce qu'il est en fuite. Il n'ira pas loin. Pour son propre intérêt, il faut qu'il aille se rendre au commissariat ou à la brigade de gendarmerie la plus proche. Parce qu'il ne peut pas fuir. Il a commencé un mouvement il sera comptable de tout ce qui s'est passé à Bamenda. Le calme est revenu à Bamenda. Les gens vaquent à leurs occupations. Les autorités administratives et les forces de maintien de l'ordre sont en train de surveiller pour que les choses ne reprennent plus.

Mais globalement il faut retenir que les élites du Nord-Ouest et du Sud-Ouest rejettent en bloc toute initiative visant à remettre en cause l'unité nationale et la paix au Cameroun. Le Cameroun est un pays uni et indivisible.

Et le président Biya a beaucoup travaillé pour la consolidation de l'unité nationale. C'est un acquis. Quand on parle des acquis de la nation, on commence par la paix et la stabilité.

Alors les élites du Nord-Ouest et du Sud-Ouest ne vont pas tolérer les écarts de comportements qui ont pour but de remettre en cause l'unité nationale. C'est inacceptable, c'est inadmissible.

MSK : Alors l'une des images qu'on ne pourra pas malheureusement pas effacer, c'est l'image d'une région ou d'une ville de Bamenda, l'image d'une population qui a réclamé une université, qui a réclamé un certain nombre d'infrastructures mais qui à la première revendication s'attaquent à ces biens publics à ces édifices-là. Est-ce que les populations ont pu aujourd'hui mesurer enfin les véritables enjeux ?

PAN : Il y a les chefs traditionnels, il y a les députés, il y a les élites qui sont en train de parler aux populations et ils ont compris. Le désordre ne profite à personne. Et d'ailleurs l'État ne laissera personne engager le désordre. Vous ne pouvez pas. Vous savez le Cameroun est un État de droit. Et je dis même aux avocats, qu'ils le sachent, qu'ils n'ont pas l'immunité.

Quand moi en tant que responsable politique, je vais à Bamenda pour un meeting du RDPC, je vais voir le sous-préfet pour prendre une autorisation de manifestation. Et un avocat est mieux placé. Alors si vous êtes un avocat, vous n'avez pas une autorisation, vous vous retrouvez dans la rue comme un vandale, vous serez traitez comme tel. C'est clair ils n'ont pas l'immunité.

Il faut bien que les avocats, et le leur dis directement dans le Nord-Ouest et du Sud-Ouest, il faut que cela cesse, parce que les élites nous sommes mobilisées. Le président Biya a travaillé pour cette unité nationale il a travaillé pour nous donner la liberté. Il nous a pratiquement tout donné dans le Nord-Ouest.

Aujourd'hui les gens veulent remettre en cause en disant que les anglophones ou les francophones, …

Qui est anglophone au Cameroun ? Qui est francophone aujourd'hui ? C'est ça le débat !

Mais quand le président Biya arrive à Bamenda il fait son discours en anglais parce qu'il doit promouvoir le bilinguisme.

Le Chef de l'État était à Buea, il a fait son discours en anglais. Mais c'est ça l'intégration nationale. Alors on ne peut pas remettre en cause cette coexistence pacifique entre toutes les composantes sociologiques du Cameroun. C'est un tort, c'est inacceptable, c'est inadmissible.

Et je dis que les avocats et les enseignants qui ont commencé, ils n'ont qu'à bien se tenir. S'ils sont sages, qu'ils aillent voir les ministres concernés. Le gouvernement a mis en place un cadre de dialogue. Ils vont discuter, et puis on ne fera jamais, on va pas imposer, on dicte une conduite à un État. Ce n'est pas possible.

Et je dis que nous avons des preuves, des éléments, ils ont reçu de l'argent de l'étranger, nous avons des virements qui sont venus, nous avons entendu ceux qui ont transporté cet argent, ils sont passés aux aveux complets.

Le ministre d'État, ministre de la Justice a convoqué les avocats pour une réunion, ils ne sont pas venus. Ça veut dire qu'ils ne sont pas intéressés par le problème des avocats. Le ministre de l'Enseignement supérieur qui préside le Comité pour les enseignants, a convoqué une réunion, ils ne sont pas venus. Ça veut dire qu'ils ne sont pas préoccupés par ces problèmes.

Alors si ils posent des actes qui vont dans le sens de défier l'autorité il faut qu'ils sachent que force sera à la loi.

MSK : Alors le calme est revenu à Bamenda notamment, les populations ont recommencé à vaquer à leurs occupations, on a vu que les acteurs politiques, toutes chapelles confondues, ont parlé d'une même voix pour appeler au calme, est-ce que tout cela n'appelle pas également une reconsidération du discours politique plutôt dans cette partie du pays ? on va sortir par là.

PAN : Quand vous parlez de reconsidération du discours politique je ne peux pas vous comprendre.

Je dis donc le Cameroun est territoire ouvert, il est uni. Moi je suis anglophone, je suis à Yaoundé depuis, je sais pas depuis 30 ans, 35 ans. À Bamenda je connais des Ewondos qui sont mes amis qui sont à Bamenda depuis 40 ans, et puis qui sont là. Vous avez des écoles à Bamenda, il y a des francophones qui envoient des enfants qui font de bonnes études à Bamenda.

Est-ce qu'on va remettre tout cela en cause ? Je crois que non. Ça c'est inacceptable. Il y a l'intégration nationale.

Le président Paul Biya a fait du Cameroun un pays où il fait bon vivre partout où nous nous retrouvons. Et c'est ça qu'il faut retenir.

Les avocats et quelques enseignants qui veulent emprunter le mauvais chemin, ils doivent reprendre le bon chemin. Je lance cet appel solennel pour qu'ils comprennent que force sera à la loi. Ils ont des revendications ? Il y a un canevas, il y a un canal tracé ils peuvent discuter avec les ministres concernés et puis on va examiner ces doléances.

TABLE DES MATIÈRES

SOMMAIRE 7

AVANT-PROPOS 11

PRÉFACE 13

UN PAYS, DEUX TERRITOIRES, DEUX HÉRITAGES 17

Un pays sous mandat de la Société des Nations 19
    Le régime du mandat 19
    L'administration française sous le régime du mandat 22
    L'administration britannique sous le régime du mandat 24

Un pays sous la tutelle des Nations unies 26
    Le régime de la tutelle 26
    Les Accords de tutelle 27
    L'administration française sous le régime de la tutelle 30
    L'administration britannique sous le régime de la tutelle 33

La fin de la tutelle internationale 36
    La levée de la tutelle des Nations unies sur le Territoire du Cameroun administré par la France 36
    La levée de la tutelle des Nations unies sur le Territoire du Cameroun administré par le Royaume-Uni 39

L'EXPRESSION INSTITUTIONNELLE DES DEUX HÉRITAGES .. 43

Une Fédération avec un pluralisme politique 44
    La Conférence constitutionnelle de Foumban 46
    La République fédérale du Cameroun 52

Une Fédération sans pluralisme politique **56**
   Une alliance partisane opportuniste 57
   Une alliance politique suicidaire 61

LA DÉSINSTITUTIONALISATION DE L'HÉRITAGE ANGLOPHONE 67

Aux origines de la désinstitutionalisation **67**
   L'instauration du parti unique 67
   L'instauration de l'État unitaire 69

Les effets de la désinstitutionalisation **76**
   La perte de prérogatives politiques 76
   Le sentiment de subordination sociale, économique et politique 79

LE REFUS DE L'EFFACEMENT INSTITUTIONNEL 85

Le commencement et l'enlisement de la crise **86**
   Le mouvement de grève des avocats du Cameroun anglophone 86
   Le mouvement de grève des enseignants du Cameroun anglophone 89
   La cristallisation du conflit 91

La dérive répressive **95**
   « Le problème anglophone pourrait devenir le nouveau Boko Haram » .. 96
   L'ouverture de la saison répressive 98
   L'escalade dans la répression 103
   L'inefficacité des traitements symptomatiques 107
   L'arrêt des poursuites contre les « terroristes » 111
   Les manifestations du 22 septembre et du 1er octobre 2017 112
   L'usage excessif de la force publique 113
   L'escalade de la violence 118

BIBLIOGRAPHIE **123**

INDEX **125**

ANNEXES **131**

Le Cameroun
aux éditions L'Harmattan

Dernières parutions

LA TRAGÉDIE DU PEUPLE FANG
Essai d'anthropologie sociale africaine
Moane Eya
Après plusieurs décennies de pleurs, d'angoisses et de souffrances, le peuple fang doit sécher ses larmes et travailler avec courage, persévérance et espoir afin de briser le mythe de l'obscurantisme dans lequel il est plongé. L'auteur, chercheur, défenseur et gardien de l'authenticité culturelle fang, caresse un espoir : voir les fils et filles fang chanter et danser à l'unisson au rythme profond d'un peuple reconstitué. Après diagnostic, il prescrit un ensemble de thérapies non exhaustives à la misère qui sévit chez les Fangs aujourd'hui.
(Harmattan Cameroun, 17,50 euros, 160 p.)
ISBN : 978-2-343-12023-2, ISBN EBOOK : 978-2-14-004119-8

TRAJECTOIRES DES FEMMES AU CAMEROUN
Entre complexe du masculin et contestation de l'ordre des apparences
Mbede Raymond - Sous la coordination de Raymond Mbede
Ces contributions reproblématisent les représentations culturelles sur les trajectoires des femmes camerounaises à travers leurs stratégies personnelle, locale, sectorielle ou collective autour de deux notions clés : le complexe du masculin et la contestation de l'ordre des apparences. Quels que soient les points de vue abordés, il se dégage de l'ensemble des changements notables en ce qui concerne les trajectoires des femmes au Cameroun. Ces trajectoires combinent à la fois assignation, engagement, innovation et authenticité.
(Coll. Emergences africaines, 26,50 euros, 266 p.)
ISBN : 978-2-343-11713-3, ISBN EBOOK : 978-2-14-004337-6

LE CAMEROUN ET LA GRANDE GUERRE (1914-1916)
Cameroon and the Great War (1914-1916)
Commission camerounaise d'histoire militaire
Préface de Joseph Beti Assomo
Le déclenchement rapide des hostilités, au-delà des causes immédiates connues de la guerre, pourrait faire penser que le Cameroun était l'un des enjeux majeurs de la Grande Guerre hors des frontières européennes. Il est donc indiqué que ce pays, qui porte à jamais les marques indélébiles de cette guerre en Afrique, ne reste pas historiquement passif au moment où les débats à travers le monde sur son histoire ont lieu à l'occasion de la célébration du centenaire de cet évènement.
(Harmattan Cameroun, 42.00 euros, 450 p.)
ISBN : 978-2-343-11769-0, ISBN EBOOK : 978-2-14-004068-9

PROBLÉMATIQUES AUTOUR DE L'ÉMERGENCE NUMÉRIQUE DU CAMEROUN À L'HORIZON 2025
Mouté Guillaume Paul
Le Cameroun a fixé l'horizon 2035 comme date butoir pour son émergence globale. Après coup, il a donné à penser que le développement de son économie numérique était érigé en priorité de

premier ordre, sans toutefois avoir élaboré sa politique qui indiquerait la vision censée baliser les étapes de sa mise en œuvre, les objectifs à atteindre ainsi que les diverses sources de financement.
(Coll. Études africaines, 22.50 euros, 224 p.)
ISBN : 978-2-343-10868-1, ISBN EBOOK : 978-2-14-003938-6

DROIT DU CONTENTIEUX FISCAL CAMEROUNAIS
(nouvelle édition)
Ateck A Djam Félix
Le principal mérite de cette nouvelle édition, dont la première datant de 2009 reste une référence dans la littérature fiscale camerounaise, est de prendre en compte toutes les évolutions portant sur les modifications des textes relatifs aux procédures fiscales contentieuses et sur la mise en place effective des tribunaux administratifs. L'autre mérite est d'apporter des clarifications utiles sur les procédures d'assiette et de contrôle des impôts, dont le non-respect est la principale cause des contestations des impositions.
(Coll. Finances publiques, 35.00 euros, 426 p.)
ISBN : 978-2-343-11322-7, ISBN EBOOK : 978-2-14-004061-0

LES GRANDES DÉCISIONS ANNOTÉES DE LA JURIDICTION ADMINISTRATIVE DU CAMEROUN (1re édition 2017)
Keutcha Tchapnga Célestin - Préface de Léopold Donfack Sokeng
La juridiction administrative du Cameroun a connu ces 20 dernières années des «éclats de lumière» aux niveaux structurel, procédural puis de la protection des droits et des libertés fondamentaux, même s'il reste un ensemble «d'ombres». Le foisonnement des solutions qu'elle a eu à apporter aux nombreuses demandes a rendu indispensable la réalisation de ce recueil, clair et précis, extrêmement riche sur les plans théorique puis pratique et qui revisite plusieurs concepts fondamentaux du droit public national.
(Harmattan Cameroun, 55.00 euros, 734 p.)
ISBN : 978-2-343-12227-4, ISBN EBOOK : 978-2-14-003982-9

KARL RAIMUND POPPER (Volume 2)
Une épistémologie sans visage et sans rivage
Analyses perspectivistes
Cahiers épistémo-logiques 5, 17Nguimbi Marcel
Ce deuxième volume se concentre sur un ensemble d'analyses perspectivistes autour de cette épistémologie sans visage et sans rivage de K.R. Popper : on scrute, sur la base de l'existant, ce qui peut permettre de comprendre le «non-dit» de Popper, cette ouverture indéfinie de la méthodologie à la métaphysique.
(33.00 euros, 324 p.)
ISBN : 978-2-343-12122-2, ISBN EBOOK : 978-2-14-003879-2

WATER AS A WEAPON OF INTERNATIONAL CONFRONTATIONS
Ajeagah Gideon Aghaindum
«More than over land or oil, it is over water that the bitterest conlicts of the near future may be fought.» The thoughts on the unconditionality of water for future life survival are carefully exploited in this book, that gives a clear picture on national and international water battles, with clear examples and sustainable strategies in order to overcome this human upheaval.
(Harmattan Cameroun, 22.50 euros, 220 p.)
ISBN : 978-2-343-12209-0, ISBN EBOOK : 978-2-14-003961-4

LA GOUVERNANCE CLIMATIQUE AU CAMEROUN
Sociologie d'une action publique internationale en contexte africain
Kede Eugène Yves - Préface de Nadine Machikou
La multiplication des événements climatiques extrêmes (sécheresses, inondations) du fait de la hausse de la température mondiale a conduit les États de la planète à mettre la question du changement climatique sur leur agenda politique. Le Cameroun ne fait pas exception. Traiter de la gouvernance climatique au Cameroun conduit nécessairement à analyser comment se construit

l'action publique de lutte contre le changement climatique au Cameroun. Elle apparaît comme une configuration d'action publique multiniveaux.
(Coll. Études africaines, 22.50 euros, 222 p.)
ISBN : 978-2-343-10414-0, ISBN EBOOK : 978-2-14-003630-9

ECO-AUTOPSY OF THE LAKE NYOS DISASTER IN CAMEROON
30 years after calamity
Ajeagah Gideon Aghaindum
The Nyos disaster is a terriic and unprecedented environmental tragedy that took in 1986. This is a synopsis of highly specialized scientific research, information in newspapers, documents and articles in specialized media, information from the radio, the television or oral literature from concerned scientists, anthropologists, sociologists or victims that are directly linked to this geo-hazards that killed thousands in Nyos.
(Harmattan Cameroun, 16.50 euros, 148 p.)
ISBN : 978-2-343-12224-3, ISBN EBOOK : 978-2-14-003971-3

LA CRISE DES RESSOURCES HUMAINES ET L'ÉCHEC DES POLITIQUES PUBLIQUES AU CAMEROUN
Vers la construction d'une administration moderne
Nga Efouba Sosthène
Cet ouvrage cherche à comprendre les raisons de l'échec des politiques publiques au Cameroun au regard des efforts déployés par la République en termes de dépenses colossales englouties pour répondre aux besoins de plus en plus nombreux des populations. Il est au cœur de cette réflexion qui place la crise des ressources humaines au centre de cette problématique en cherchant à savoir : quelles sont les origines de cette crise ? Quelles en sont les manifestations et les conséquences ? Et comment la résoudre ?
(Harmattan Cameroun, 29.00 euros, 290 p.)
ISBN : 978-2-343-11458-3, ISBN EBOOK : 978-2-14-003789-4

LES ENFANTS DE LA RUE AU CAMEROUN
Itinérance, histoire et histoires de vie
Nzhie Engono Jean, Nana Njiki Estelle Marline
Dans l'imagerie populaire, les enfants de la rue au Cameroun sont perçus comme les naufragés d'un système social et les victimes désignées d'une société qui les éjecte. Les recherches menées sur le terrain, étayées par les histoires de vie recueillies par les auteurs, montrent bien plus qu'au départ, c'est la rue qui attire en elle-même ces enfants ; elle les enferme ensuite et les retient une fois dedans.
(Harmattan Cameroun, 25.00 euros, 246 p.)
ISBN : 978-2-343-11794-2, ISBN EBOOK : 978-2-14-003772-6

LA RENAISSANCE DE LA CHEFFERIE MILOMBÈ DU NORD MAKOMBÉ DANS LE LITTORAL CAMEROUNAIS
(XIXᵉ s. - 2015) – Une contribution historique à la connaissance des peuples du Cameroun
Signié Christophe - Préface du Pr Hugues Mouckaga
Retracer l'histoire d'une chefferie disparue il y a 40 ans est une véritable gageure pour l'historien. La chefferie de Milombè fait partie des cantons du Nord du Nkam dans la région du littoral camerounais et appartient à l'aire socioculturelle sawa. L'ouvrage analyse la structure politique de la chefferie Milombè, son organisation économique et sociale, sa vie culturelle, ses rapports avec les chefferies attenantes.
(Coll. Émergences africaines, 19.00 euros, 178 p.)
ISBN : 978-2-343-12090-4, ISBN EBOOK : 978-2-14-003708-5

LA GARANTIE DES DROITS FONDAMENTAUX AU CAMEROUN
Jeugue Doungue Martial - Préface du Docteur Mahouve Michel
Les droits fondamentaux, l'État de droit et la démocratie sont à l'ordre du jour. Ils sont partout dans le monde, dans les organisations internationales et dans chacun de nos pays. Au Cameroun,

les droits fondamentaux resteront des «concepts illusoires et décoratifs» tant que les populations ne s'en approprieront pas l'esprit et ne les intègreront pas dans les pratiques quotidiennes. Cet ouvrage est essentiel pour comprendre les enjeux autour de ces droits au Cameroun.
(Coll. Études africaines, 20.50 euros, 202 p.)
ISBN : 978-2-343-11513-9, ISBN EBOOK : 978-2-14-003598-2

PAUL BIYA, AMINATOU AHIDJO ET LE RDPC
Bella Victor-Joseph
L'auteur essaie de montrer ce qui aurait poussé Aminatou Ahidjo, la fille de feu le président Ahidjo, à soutenir Paul Biya. Il attire l'attention sur le destin unique du Cameroun dont l'avenir semblait douteux. Le pays étonne plutôt par ses institutions, l'efficacité de ses forces de défense et de sécurité, ainsi que le patriotisme élevé de son peuple même en discorde. C'est l'histoire présente d'un peuple qui est fier d'être debout.
(Coll. Émergences africaines, 25.50 euros, 238 p.)
ISBN : 978-2-343-10039-5, ISBN EBOOK : 978-2-14-003580-7

LA SOCIOLOGIE CAMEROUNAISE
Un demi-siècle de lente mais dynamique construction
Nga Ndongo Valentin
La construction de la sociologie, dans le Cameroun moderne, remonte aux années 1960, avec l'arrivée des ethnologues, dans le cadre de la Fondation française de l'enseignement supérieur. Balbutiante au départ, cette construction a progressé, en épousant les diverses mutations de la société. Ancrée dans la sociohistoire, cette analyse éclaire le chemin parcouru par cette science, au Cameroun particulièrement.
(Coll. Sociologie africaine, 19.00 euros, 168 p.)
ISBN : 978-2-343-11287-9, ISBN EBOOK : 978-2-14-003561-6

L'ISLAM EN PAYS BAMUM
De Ibrahim Njoya à Ibrahim Nbombo Njoya (1895-2016)
Mane Souley - Préface du Pr. Eugène Désiré Eloundou
Au Cameroun à la fin du XIXe siècle, l'islam fait une percée en direction du Sud, et notamment dans le département du Noun, chez les Bamum. Cet ouvrage permet de saisir le cadre physique et humain, l'introduction et la diffusion de l'islam, la pratique et l'organisation de la religion musulmane. Le vécu de l'islam chez les Bamum se caractérise par une grande tolérance religieuse et une coexistence pacifique avec le christianisme et la religion traditionnelle, ce qui éloigne le spectre de la violence.
(Coll. Émergences africaines, 22.00 euros, 220 p.)
ISBN : 978-2-343-11615-0, ISBN EBOOK : 978-2-14-003442-8

MULTIPARTISME ET DÉMOCRATIE AU CAMEROUN
Les grandes occasions manquées pour l'alternance
Tingueu Sepo Julins Herman
En Afrique subsaharienne, depuis le fameux vent de l'Est de la fin des années 1980 et du début des années 1990, jamais opposition n'aura eu autant d'occasions de renverser un régime qui avait atteint un seuil d'impopularité incroyable. Les dissensions et les ego surdimensionnés des différents leaders de cette opposition ont privé le peuple camerounais d'une alternance au sommet de l'État. Voici retracées ces occasions qui auraient favorisé une alternance au sommet de l'État qui reste la première respiration de la démocratie.
(Harmattan Cameroun, 17.50 euros, 164 p.)
ISBN : 978-2-343-11646-4, ISBN EBOOK : 978-2-14-003465-7

L'HARMATTAN ITALIA
Via Degli Artisti 15; 10124 Torino
harmattan.italia@gmail.com

L'HARMATTAN HONGRIE
Könyvesbolt ; Kossuth L. u. 14-16
1053 Budapest

L'HARMATTAN KINSHASA
185, avenue Nyangwe
Commune de Lingwala
Kinshasa, R.D. Congo
(00243) 998697603 ou (00243) 999229662

L'HARMATTAN CONGO
67, av. E. P. Lumumba
Bât. – Congo Pharmacie (Bib. Nat.)
BP2874 Brazzaville
harmattan.congo@yahoo.fr

L'HARMATTAN GUINÉE
Almamya Rue KA 028, en face
du restaurant Le Cèdre
OKB agency BP 3470 Conakry
(00224) 657 20 85 08 / 664 28 91 96
harmattanguinee@yahoo.fr

L'HARMATTAN MALI
Rue 73, Porte 536, Niamakoro,
Cité Unicef, Bamako
Tél. 00 (223) 20205724 / +(223) 76378082
poudiougopaul@yahoo.fr
pp.harmattan@gmail.com

L'HARMATTAN CAMEROUN
TSINGA/FECAFOOT
BP 11486 Yaoundé
699198028/675441949
harmattancam@yahoo.com

L'HARMATTAN CÔTE D'IVOIRE
Résidence Karl / cité des arts
Abidjan-Cocody 03 BP 1588 Abidjan 03
(00225) 05 77 87 31
etien_nda@yahoo.fr

L'HARMATTAN BURKINA
Penou Achille Some
Ouagadougou
(+226) 70 26 88 27

L'HARMATTAN SÉNÉGAL
10 VDN en face Mermoz, après le pont de Fann
BP 45034 Dakar Fann
33 825 98 58 / 33 860 9858
senharmattan@gmail.com / senlibraire@gmail.com
www.harmattansenegal.com